O CORPO NO LIMITE
DA COMUNICAÇÃO

Dados Internacionais de Catalogação na Publicação (CIP)
(Câmara Brasileira do Livro, SP, Brasil)

Kignel, Rubens
O corpo no limite da comunicação / Rubens Kignel. – São Paulo: Summus, 2005.

Bibliografia.
ISBN 85-323-0228-9

1. Comunicação não-verbal (Psicologia) 2. Terapias corporais (Psicoterapia) I. Título

05-6758 CDD-153.69

Índice para catálogo sistemático:
1. Ressonância: Comunicação não-verbal: Psicologia   153.69

Compre em lugar de fotocopiar.
Cada real que você dá por um livro recompensa seus autores
e os convida a produzir mais sobre o tema;
incentiva seus editores a encomendar, traduzir e publicar
outras obras sobre o assunto;
e paga aos livreiros por estocar e levar até você livros
para a sua informação e o seu entretenimento.
Cada real que você dá pela fotocópia não autorizada de um livro
financia o crime
e ajuda a matar a produção intelectual de seu país.

O CORPO NO LIMITE
DA COMUNICAÇÃO

Rubens Kignel

summus
editorial

O CORPO NO LIMITE DA COMUNICAÇÃO
Copyright © 2005 by Rubens Kignel
Direitos desta edição reservados por Summus Editorial

Capa: **Ana Lima**
Desenhos: **Leonardo Ciorlin**
Editoração e fotolitos: **All Print**

Summus Editorial

Departamento editorial:
Rua Itapicuru, 613 – 7º andar
05006-000 – São Paulo – SP
Fone: (11) 3872-3322
Fax: (11) 3872-7476
http://www.summus.com.br
e-mail: summus@summus.com.br

Atendimento ao consumidor:
Summus Editorial
Fone: (11) 3865-9890

Vendas por atacado:
Fone: (11) 3873-8638
Fax: (11) 3873-7085
e-mail: vendas@summus.com.br

Impresso no Brasil

Sumário

Apresentação 7

Introdução 9

1. Consciência 17

2. Analogia em Deleuze e Guattari.......................... 47

3. *Grounding, facing, centering* 69

4. Ressonância 103

Notas 131

Bibliografia 137

Apresentação

Rubens Kignel é liderança ativa no movimento das psicoterapias corporais no Brasil, tendo sido um de seus pioneiros. Desde os anos 1970 traz sua contribuição à clínica, ao ensino, à organização de eventos e à coordenação de publicações nessa área. Sua ação transpôs fronteiras, estendendo-se para a Europa e o Japão, onde desenvolve trabalho clínico-didático regular e continuado.

Este livro, lançado em boa hora, contempla a culminância da carreira clínica do autor, ao mesmo tempo que inaugura uma nova fase de seu percurso profissional: a vida acadêmica (esta obra é uma adaptação de sua dissertação de mestrado) e o papel de escritor.

O corpo no limite da comunicação transcende os limites da psicoterapia corporal, levando o leitor a uma profunda reflexão sobre a comunicação humana, seja ele terapeuta corporal, seguidor de outras linhas ou mesmo leigo. Rubens Kignel coloca em relevo a relação, do ponto de vista existencial, do indivíduo consigo mesmo e com o outro. Nesta vertente relacional reintroduz o conceito de *ressonância*, ampliando seus limites filosóficos. Possibilita a partir daí o vôo imaginativo de cada leitor segundo suas concepções anteriores.

Compreendi a ressonância como um fenômeno que rege todas as relações humanas sintônicas. Compreendi-a também como algo acontecendo no espaço transicional (utilizo propositadamente a expressão winnicottiana) entre o consciente e o inconsciente, entre o fora e o dentro, entre (*inter*) as pessoas envolvidas, algo como uma luz que se acende em um momento da relação. Pode-se pensar ainda em um "clima" que surge, ou em uma "energia" que aparece. Nas fotos apresentadas no Capítulo 4 o leitor verá esse clima ou energia presente entre um bebê e sua mãe. Esse fato relacional é apropriadamente descrito no texto como uma dança harmônica, portanto não-verbal, entre os participantes da relação.

Por decorrer além ou aquém da lógica e da racionalidade, esse acontecimento, profundamente humano, ganha, às vezes, um caráter misterioso (místico). Trata-se de um clique "mágico" que transforma um momento vazio em um momento pleno. Essa plenitude relacional é "celebrada" então com uma alegria de reconhecimento mútuo, como o encontro entre Reich e seu paciente, descrito também no Capítulo 4.

Filósofos, psicólogos e poetas de todos os tempos foram atraídos pelo tema. O autor passa em revista alguns deles, especialmente os psicoterapeutas corporais Reich, Stattman, Keleman, Kernberg e Boadella, e os filósofos Deleuze e Guattari. Freud é bem lembrado quando fala da "comunicação entre inconscientes sem passar pelo consciente", onde repousaria a base da "atenção flutuante". Relembro também Moreno, criador de alguns conceitos correlatos como os de co-consciente e co-inconsciente, de teletransferência (para descrever as diferenças qualitativas entre relações sintônicas e não-sintônicas) e de encontro.

Saúdo o lançamento deste livro, marco criativo e "ressonante" da carreira de seu autor.

JOSÉ FONSECA

Introdução:
Um breve depoimento pessoal

A poesia é um saber com o corpo, um saber musical,
rastro ritmado de um sentir pensando.

FERNANDO PESSOA

Desde 1976 trabalho no Brasil e no exterior dando formação a pessoas interessadas em psicoterapia corporal.

O ensino das técnicas teóricas e práticas sempre foi de fundamental importância, e para melhor atender às necessidades de desenvolvimento me mantive constantemente atento e atualizado sobre as informações e os treinamentos em minha área.

No país, é óbvio, não tive problemas com o uso da língua. Fora do Brasil, em certos países minha compreensão da linguagem era melhor que em outros. Meu domínio do inglês, do francês e do espanhol é suficiente para travar diálogos e ensinar. Quanto ao japonês, ao tcheco e ao alemão, por exemplo, línguas que não falo, ao atuar em locais onde esses idiomas são fluentes, trabalho em conjunto com um(a) tradutor(a). Como é evidente, isso interfere numa relação que a princípio seria direta e acarreta, muitas vezes, problemas de compreensão, especialmente nas sessões terapêuticas demonstrativas de técnicas às quais os alunos se submetem para aprendizado.

Motivado por essas relações profissionais, naturalmente fui desenvolvendo uma forma de perceber o outro que incluía minhas sensações internas e minha visão de suas várias formas de expressão, o que facilitava enormemente a comunicação, fornecendo apoio às palavras. Minha reação passava, a princípio, por aquilo de humano que temos em comum – nossas sensações orgânicas e, de certa forma, nossos gestos (pois sabemos que, por influência cultural, os gestos têm significados diferentes, dependendo de sua origem).

Porém, cada vez mais, este encaminhamento começou a fazer sentido para mim, e passei a pesquisá-lo mais. Não que o assunto já não tivesse sido explorado antes. David Boadella desenvolveu brilhantemente o tema da ressonância, para contrapor aos conceitos de transferência e contratransferência ainda predominantes nas relações psicoterapêuticas e psicanalíticas. A meu ver, entretanto, faltava na literatura psicoterapêutica alguma experiência na área da ressonância, aspecto tão enraizado e presente na clínica como forma de apoio às pesquisas para compreensão do outro. Isso é muito comum nos grupos de supervisão, quando os supervisionandos, além de compartilhar a história de seus clientes, não raro dizem: "Mas eu sinto que, talvez,...", ou "Mas não é essa a minha sensação...", enfim, particularidades que acabam influenciando profundamente o transcorrer da supervisão e possivelmente até muitas das reflexões e conclusões a que chegamos.

Em minhas leituras e aulas na Semiótica da PUC descobri Deleuze e Guattari, dois grandes interlocutores sobre o tema da ressonância e do ritmo imposto às relações, além de outros filósofos e psicólogos. Assim, minha grande motivação neste trabalho foi a possibilidade de "bricolar" alguns conceitos de um lado e de outro, com o objetivo de ajudar as pessoas interessadas nesse tipo específico de comunicação a pensar sobre o assunto, além de tentar facilitar essa relação tão importante que passa ao largo da expressão verbal e da compreensão consciente, como um pré-acontecimento que define muitos caminhos, viabilizando processos de elaboração simbólica e imaginária.

O esforço deve incentivar as pessoas a não ter medo de suas sensações, podendo confiar e acreditar mais nelas próprias, como veículos de fluxo, vida, ritmo e, principalmente, de percepção do outro, já que as diferenças são tão grandes mesmo entre pessoas de uma mesma família e, ainda mais, entre culturas que, apesar de estarem cada vez mais próximas fisicamente, de perto revelam um grande distanciamento. O que me faz lembrar de um trecho de uma música de Caetano Veloso, que diz: "de perto ninguém é normal". Lembra-me também as contradições dos primeiros astronautas lançados ao espaço com toda aquela técnica e que voltaram sem que a mesma tecnologia lhes fizesse mais sentido; ou as primeiras viagens de Marco Polo ao Oriente; ou ainda as invasões culturais dos Estados Unidos, seja por meio da guerra ou por meio do cinema e da música.

O mistério de cada ida e de cada chegada,
A dolorosa instabilidade e incompreensibilidade
Deste impossível universo
A cada hora marítima mais na própria pele sentido!

FERNANDO PESSOA

Este livro resulta da dissertação apresentada, em 2003, à banca examinadora da Pontifícia Universidade Católica de São Paulo (PUC-SP), como exigência parcial para obtenção do título de mestre em Comunicação e Semiótica, feita sob orientação do prof. dr. Silvio Ferraz Mello Filho.

A obtenção da nota máxima na apresentação do trabalho e a oportunidade de contribuir para enriquecer uma literatura ainda rarefeita acerca desse tema foram os principais incentivos para transformar o texto original no presente livro.

A dissertação foca a relação psicoterapêutica dentro de um fenômeno que nomeamos "ressonância não-verbal" e/ou "não consciente", tratando-se de algo que, mesmo não sendo da ordem verbal, produz comunicação entre os homens, criando devires num corpo real, que sente, percebe e se transforma em sua fisicalidade.

Dedico o Capítulo 1 às intensas pesquisas desenvolvidas nos últimos trinta anos por psicoterapeutas corporais em sua tentativa de provar a validade científica de seu trabalho, por muitos anos considerado uma atividade paralela ou alternativa, tanto em relação à psicanálise quanto à medicina. O capítulo é especialmente baseado na produção de alguns desses pesquisadores, como o neuropsicólogo Allan Shore e o neurologista Gerald Edelman, ganhador do prêmio Nobel.

No Capítulo 2 exploro possíveis analogias das pesquisas anteriores com a filosofia de Deleuze e Guattari, o trabalho de David Boadella em Psicoterapia Somática Biossíntese e alguns exemplos práticos.

A seguir, abordo três conceitos em Psicoterapia Somática Biossíntese relativos à comunicação e ressonância e conectados com o corpo: *grounding, centering* e *facing*. Conforme as fases do desenvolvimento, assumirão determinadas características que afetarão o caráter ou estilos de comunicação. O filósofo português José Gil desenvolveu o conceito de "sujeito da percepção" relativo à pele, a camada entre o visível e o invisível, e em Biossíntese este mesmo território de comunicação é chamado de *facing*, ponte entre interior/exterior, exterior/interior que faz a **semiose** dinâmica imagética desta relação. Além disso, neste capítulo desenvolvo dois conceitos que chamo de: "sujeito motor" e "sujeito emocional", vinculados respectivamente aos conceitos de *grounding* e de *centering*, que estabelecem um tipo de ressonância sensorial não visível ao olho humano, relativa à organização somática do corpo em direção vertical (a si mesmo) e horizontal (em relação ao meio ambiente). O conceito de *centering* ou "sujeito emocional", referente à comunicação ressonante visceral – como quando o bebê se relaciona com a mãe –, está diretamente ligado ao sistema nervoso autônomo ou inconsciente corporal e a conexões viscerais. Neste capítulo também dedico uma parte ao desenvolvimento da noção de embriologia, comunicação e ressonância.

Finalmente, pesquiso os conceitos de ressonância para encontrar pontos em comum nas teorias de Deleuze, Guattari, Espinosa e em Psicoterapia Somática por meio dos conceitos de David Boadella e outros autores.

Espinosa mostrou que, se a natureza do corpo de outra pessoa é como a natureza de nosso próprio corpo, então nossas idéias acerca do corpo da outra pessoa, como nós o imaginamos, deverá envolver uma afecção de nosso corpo com a afecção do outro corpo. Conseqüentemente, se sentimos alguém como nós ser influenciado por algum afeto, essa imaginação expressará uma afecção de nosso próprio corpo como a do outro.

Em psicoterapia corporal, ressonância é comunicação não-verbal com diferentes nomes:

Para Wilhelm Reich: Identificação Vegetativa.
Para Jay Stattman: Transferência Orgânica.

Para Stanley Keleman: Ressonância Somática.
Para Kernberg: Unidade Primitiva de Relações Objetais.

Em Deleuze e Guattari a ressonância influencia meios e ritmos, ação que se faz no meio e no ritmo presentes entre dois-meios, entre duas pessoas, entre dois.

A ressonância pode ser percebida e vivida de várias formas, como, por exemplo, pela respiração ou pela dança. Diálogos ou padrões de respiração serão vistos como funções de vínculo social que criam ou não contato. Respirar significa construir conexões, comunicar, atravessar pontes.

Uma mãe que não ressoa com seu bebê não se comunica; pais que não ressoam com os filhos não os compreendem; professores que não ressoam com a classe não se comunicam; casais que não ressoam não têm prazer na convivência; governos que não ressoam com o povo não governam.

Relações que funcionam a partir de experiências ressonantes marcam territórios, educam, ensinam, treinam e criam um contato musical de canto e dança que dinamiza a comunicação, deixando uma melodia, um som, uma imagem que marca o sentido, o encontro muito mais que palavras perdidas e sem conexão com o organismo, simples atributos.

A partir dos agenciamentos desses encontros e desencontros, entraremos num campo da subjetividade de dança e som, no qual acompanharemos processos de movimento e escuta. Movimentos não só do gesto, mas da potência ressonante da relação que desterritorializa o potencial paralisado em ambos. Aqui o fluxo da interferência terapêutica ajudará a criar novos mapas, nos quais paciente e terapeuta saem da imagem fotográfica e ganham um fluxo em direção ao desconhecido. Dessa forma, o leitor observará produções de relação subjetiva por meio do desejo acompanhadas de transformações de postura numa nova cartografia.

Por intermédio do hibridismo da relação terapêutica será apresentada uma sensibilidade clínica que não se sustenta só na relação de transferência e contratransferência, pois a relação convoca outro devir, um devir desconhecido e quiçá surpreendente. Assim, a relação psicoterapêutica corporal terá um comprometimento com a invenção de novos mundos, novas possibilidades, porque trabalhará sempre com a dança e o som das diferenças, proporcionando a transformação de problemas em recursos, por meio de campos motores, elementos de toque, conexão de linguagem, e, especialmente, mostrando a relação constante entre embriologia, ou nossas três camadas germinativas, e subjetividade, trabalhando para reverter e transcender estados de ansiedade e de choque, saindo da regressão compulsiva para a progressão criativa.

CAPÍTULO 1

CONSCIÊNCIA

Arte de Amar

Se queres sentir a felicidade de amar, esquece a tua alma.
A alma é que estraga o amor.
Só em Deus ele pode encontrar satisfação.
Não noutra alma.
Só em Deus – ou fora do mundo.
As almas são incomunicáveis.

Deixa teu corpo estender-se com outro corpo.
Porque os corpos se entendem, as almas não.

MANUEL BANDEIRA

Etimologicamente, "consciência"[1] designa um fenômeno intrapsíquico; a palavra deriva do latim *conscientia*, de *con* + *scire* "conhecer", e significa **com conhecimento**. O sentido mais comum seria qualquer forma de conhecimento interno. Mas duas formas de consciência precisam ser distinguidas. Algumas pessoas descobrem o que têm a dizer enquanto falam, enquanto os outros respondem, ou enquanto pensam no que aconteceu durante uma discussão. Outras ficam procurando em si mesmas, por horas, antes de encontrar um meio de transformar suas impressões numa sentença relevante. Falar é tão consciente quanto mover-se. Perceber o que alguém quer ou gostaria de expressar também é uma atividade consciente. Mas, de alguma forma, essas duas atividades, do ponto de vista de conhecimento da consciência, podem seguir caminhos distintos, que raramente se encontram. Abaixo vamos destacar algumas maneiras clássicas de consciência, pois o difícil hoje é encontrar um modelo único e a forma como poderia ser usado.

Sartre, em *O ser e o nada*[2], afirma que a consciência "é ela mesma um modo de ser", que já está prisioneira da aventura, do ato que a faz conhecer algo. Assim, Sartre entende, como Husserl, que "toda consciência é consciência de algo". Isto implica que ela se reconhece outra, diferente deste algo, ou seja, a consciência nega a si mesma que seja esse outro que se dispõe a conhecer, ou que se encontra aí, presente para o seu conhecimento. Portanto, só pode haver consciência para um sujeito situado a distância de seu objeto, tornando-se assim em posição de interrogar o que é ou não este objeto.

Segundo o *Dicionário de psicanálise* (Roudinesco e Plon)[3], consciência é um termo empregado em psicologia e em filosofia para designar, por um lado, o pensamento em si e a percepção que a mente tem de seus atos e [...] estados, e, por outro, o conhecimento que o sujeito tem de seu estado e de sua relação com o mundo e consigo mesmo.

Ao longo do ano de 1896, Freud foi definindo progressivamente as características e funções do consciente, numa explicação dirigida a seu colega Fliess. Ao esclarecer algumas das condições do consciente, ou do "tornar-se consciente", Freud ressalta a importância das representações verbais, sem as quais nenhuma conscientização pode efetuar-se. Assim, ajusta-se o processo de "tornar-se consciente" à existência de um "compromisso entre as diversas forças psíquicas que, no momento dos recalques, entram em conflito".

Na vida cotidiana, porém, não precisamos saber qual é a estrutura de nosso cérebro para entender o que sentimos ou pensamos. A humanidade se desenvolveu muito bem sem esse conhecimento[4].

Na psicologia nós tivemos mais de cem anos de progresso sem o conhecimento dos mecanismos e das estruturas cerebrais. Foi somente nos últimos vinte ou trinta anos que pesquisas sobre "mecanismos cerebrais" fizeram algum progresso substancial. Por que, então, pedir ao pesquisador que se vincule à neurofisiologia? De fato há uma grande falha entre o conhecimento que vem da pesquisa formal no campo da neurofisiologia – pesquisa que é normalmente conduzida em animais ou em conexão com seres humanos portadores de doenças neurológicas como tumores ou ataques cardiovasculares – e a experiência com pessoas com dificuldades emocionais. Mas, mesmo com esta falha, nós propomos que conectar estes dois campos – neurofisiologia e psicologia clínica – pode trazer bons resultados. Como? Por meio de suas correlações.

Hoje, não apenas os biólogos estão convencidos de que o sistema nervoso em geral e o cérebro em particular são o núcleo da mente e da consciência humana, da psique ou "alma". Muitas pessoas consideram "um fato" que a mente e a consciência humana sejam uma espécie de produto do cérebro. Algumas até afirmam, de forma bastante simples: "Do mesmo modo que as glândulas secretam hormônios, o cérebro humano secreta comportamento e personalidade". Segundo um modo de pensar tipicamente cartesiano, o cérebro e o funcionamento do sistema nervoso central são considerados a origem, ou "causa" do comportamento humano e da psique. De acordo com esta filosofia, psique, alma, mente e espírito foram reduzidos a simples processos fisiológicos. No paradigma da ciência natural, o conceito que prevalece é o de que a alma ou psique pode ser considerada meramente a ação do cérebro.

O neurobiólogo e pesquisador Gerald Edelman, preocupado em definir o modo como a matéria se transforma em imagens e sentimentos, começa assim o primeiro capítulo de seu livro: "Todo mundo sabe o que é consciência: É o que nos abandona toda noite quando vamos dormir e reaparece na próxima manhã quando acordamos". Edelman pergunta por que um mero local no cérebro ou um traço anatômico ou bioquímico faz com que a atividade de certos neurônios fique tão privilegiada a ponto de, de repente, imbuir o dono deste cérebro com o gosto da experiência subjetiva, com as elusivas propriedades que os filósofos chamam de *qualia*. Segundo ele, este é o problema central da experiência de conscientização. A estratégia de Edelman para atacar esse problema não é usual, ele e seus colegas não tentam explicar tudo – as mais variadas formas de percepção, imagens, pensamentos, emoções, humores, atenção, vontade e autoconsciência não estão seduzidas pelas extraordinárias variedades de fenômenos conscientes. Ele acredita que o importante é não concentrar-se apenas nas áreas cerebrais que apóiam a consciência, mas focar os processos neuronais, sobretudo naqueles que de fato podem contar para as mais fundamentais propriedades da consciência.

Edelman adota três plataformas metodológicas em seu livro *A universe of consciousness* [*Universo da consciência*] (2000):

1. *Suposição física:* diz que somente processos físicos são requeridos para uma explicação satisfatória da consciência, não existindo nenhum dualismo. Propõe principalmente que consciência seja um processo físico especial que aparece na estrutura e dinâmica de certos cérebros. Duas de suas características são que experiências de consciência são integradas (estados de consciência não podem ser subdivididos em componentes independentes) e, ao mesmo tempo, altamente diferenciadas (uma pessoa pode experimentar bilhões de estados de consciência diferentes). Se a consciência é um processo físico, mesmo que especial, somente seres incorporados podem experimentar consciência como indivíduos, e descrições formais não podem suplantar ou prover essa experiência. Nenhuma teoria científica contém sensações e percepções.

2. *Suposição evolucionária*: defende que estados de consciência evoluíram durante uma seleção natural no reino animal. Implica que a consciência é associada a estruturas biológicas que dependem dos processos dinâmicos gerados por certa morfologia. Como essa morfologia é um produto da seleção evolucionária, a consciência influencia comportamentos sujeitos tanto à seleção natural quanto a eventos selecionados da vida do indivíduo. Uma observação biológica também relacionada a esta tese é de que, durante o aprendizado e em muitos assuntos da compreensão humana, o fazer normalmente precede a compreensão. Animais podem, por exemplo, resolver problemas que certamente não entendem de maneira lógica. Inúmeros es-

tudos sobre desenvolvimento cognitivo mostram que nós aprendemos a falar muito antes de saber qualquer coisa sobre sintaxe. Este *insight* é importante para o que estamos desenvolvendo porque ajuda a evitar dificuldades encontradas por formulações baseadas em física e inteligência artificial que não tomam incorporação e ação em conta e, em vez disso, assumem que percepção e comportamento são resultados de um programa codificado.

3. *Suposição qualia*: estabelece que estados de subjetividade, ou seja, aspectos pessoais qualitativos da consciência não podem ser comunicados diretamente por meio de uma teoria científica, por sua natureza pública e intersubjetiva. Aceitar esta suposição não significa que as condições necessárias e suficientes para conscientização não possam ser descritas; quer dizer apenas que descrevê-las não é a mesma coisa que gerar e experimentar. Esta suposição nos ajuda a evitar que a noção de uma teoria científica possa agir como um substituto da experiência da consciência.

Em seu livro *The feeling of what happens* (1999), Antonio Damasio, afirma a importância de compreender que o problema da consciência não está confinado à matéria do *self*, e olha a consciência como a combinação de dois problemas relacionados. O primeiro problema seria entender como o cérebro, dentro do organismo humano, produz um padrão mental que chamamos de "imagem de um objeto". Objeto pode ser qualquer entidade, inclusive uma pessoa, um lugar, uma melodia; e por imagem entende-se um padrão mental em qualquer das modalidades sensoriais (imagem de um som, de um toque, de bem-estar, um estado de felicidade etc.). A produção é sempre relacional. Essas imagens comunicam aspectos das características físicas do objeto, a reação de gosto ou desagrado da pessoa provocada pelo objeto, além da rede de relações deste objeto com outros. Assim, para Damasio, o primeiro problema da consciência seria como construímos um "cinema-no-cérebro" conectado com as sensações do nosso sistema nervoso que então se conectaria com o assunto filosófico do *qualia*.

Um segundo problema da conscientização seria estabelecer como, paralelamente à criação de padrões mentais de um objeto, o cérebro também cria um sentido do *self* no ato de conhecer. Sob esta perspectiva, a presença do outro é o sentimento do que acontece quando o seu ser é modificado pelos atos de aprendizado. A presença nunca termina: do momento de acordar até o momento de dormir. A presença precisa estar lá, senão não há você. Consciência, na forma mais comum de pensar, de seus níveis mais básicos aos mais complexos, é um padrão mental unido que junta o objeto e o *self*.

Damasio (1999) descreve pacientes com danos cerebrais que podem conscientemente experimentar o que está acontecendo na situação presente, mas não conseguem ligar o presente com o passado. Eles podem falar e se mover de forma relevante, podem cumprimentar uma pessoa que entra na sala de maneira apropriada, mas são incapazes de saber que essa pessoa é um amigo próximo. Damasio chama este conhecimento *aqui e agora* de "âmago da consciência", e a capacidade de associá-lo com eventos do passado de "consciência autobiográfica". Essas formas distintas de consciência são apoiadas por estruturas neurológicas comuns e estruturas diferenciadas.

> A tradição introspectiva de Titchener e Kulpe [...][5] tentou descrever consciência vinda de dentro, daí o termo introspecção. Muitos introspectivos eram atomistas psicológicos; não como certos neurofisiologistas diferentes de hoje em dia, eles postulavam que consciência era feita de partes elementares que podiam ser catalogadas (sem pensar que a Escola Americana

apareceu com mais de 40.000 sensações e que a Escola Alemã só com 12.000).

O nome exato não importa (consciência privada, consciência intrapsíquica, experiência de consciência individual, conhecimento etc.), mas há indubitavelmente experiências conscientes que atingem o conhecimento individual, mas não podem ser compartilhadas com outros. Você pode falar de um sonho, pode comunicar seu conteúdo narrativo e metacomunicar-se nas modulações de sua atmosfera emocional, mas mesmo os pais, um amante ou um psicoterapeuta que conheçam o sonhador muito bem não serão capazes de experienciar exatamente o mesmo que o sonhador. Durante um exercício de conhecimento (relaxamento ou meditação) você pode descrever os elementos de sua experiência a seu terapeuta, mas ele pode somente deduzir o que você de fato experiencia por meio de dicas do que você diz, da observação de sua respiração ou da textura de sua pele, de modulações na atmosfera da sala, ou mesmo da memória do próprio terapeuta quando ele experienciou algo similar etc.

Menos corrente, o uso interpessoal de "consciência" continua nas pesquisas contemporâneas. Por exemplo, Philippe Rochat[6] usa os termos "co-consciência", "co-percepção" e "co-cognição" para designar o fenômeno que psicólogos da criança estão estudando: como o bebê aprende a viver momentos de consciência compartilhada e a dominar estratégias de comunicação que forçam os outros a focar conscientemente no que ele esteja fazendo. Durante certo tempo as crianças podem até mesmo se tornar irritantes quando repetidamente pedem aos adultos que fiquem olhando ou fazem sempre o mesmo gesto. Ser capaz de reconhecer quando e como os adultos prestam atenção e de impor momentos de conscientização é uma importante experiência do aprendizado infantil. Rochat mostra que desenvolvendo esta capacidade as crianças aprendem a se comunicar, a seduzir, a se defender e a construir uma imagem de como são percebidas pelos outros.

Daniel Stern é uma referência relevante. Em seu livro *O mundo interpessoal do bebê* (1992), no qual explora os conceitos de responsividade empática e sintonia, ele afirma que, apesar da importância destes eventos, não está totalmente claro como eles funcionam. Stern levanta questões sobre atos e processos questionando como as pessoas podem saber algo muito semelhante ao que você está sentindo, ou como você pode estar "dentro" da experiência subjetiva de outras pessoas e fazer com que elas saibam disso sem a necessidade de usar palavras. A imitação seria uma maneira de demonstrar isso. Por exemplo, no jogo de expressões faciais entre mãe e bebê, diz Stern, na verdade o bebê somente saberia que a mãe percebeu o que ele fez, ela simplesmente reproduziu e não precisaria ter tido nenhuma experiência interna similar para que de fato ocorresse uma troca subjetiva de afeto. Apenas uma imitação exata não funciona, não conscientiza, é necessário haver uma sintonia de afeto e de sensação que expressem a qualidade do sentimento afetivo compartilhado, como também observou Damasio na sua tese a respeito da formação da consciência. A razão de comportamentos de sintonia serem tão importantes quanto um fenômeno isolado é que a imitação exata não permite aos parceiros referir-se ao estado interno.

> Os comportamentos de sintonia, por um lado, remodelam o evento e mudam o foco de atenção para o que está por trás do comportamento, para a qualidade do sentimento que está sendo compartilhado. É pelas mesmas razões que a imitação é a maneira predominante de comungar ou compartilhar os estados internos. Em verdade, todavia, não parece haver uma dicotomia real entre a sintonia e a imitação; pelo contrário, elas parecem ocupar dois extremos de um espectro.

Se experiências empíricas e observações clínicas apóiam a noção de formas de consciência intra e interpsíquicas como meios distintos de conscientização, ainda não se encontrou a maneira de descrever satisfatoriamente as diferenças entre experiência de consciência individual e conhecimento compartilhado.

Com a necessidade de nomear as reformulações dos processos não conscientes para atividades mentais de conhecimento, o psicoterapeuta e escritor Michel Heller num texto inédito utiliza o termo "aqualid" como um dispositivo para organizar as propriedades da consciência que são ativadas e protegem processos não conscientes de sofrer intervenções e exames atentos da consciência. O aqualid serve para editar a realidade, facilitando a consciência e gerando ilusões que aumentam nosso conforto. Por exemplo, temos a impressão de ver só o essencialmente necessário, porque sem esta redução na informação visual, sonora ou de outra ordem seria difícil até mesmo dar um passo, pois estaríamos conscientes de cada pequena pedra no caminho à nossa frente e de cada fenômeno que se aproximasse. Em razão disso também seria difícil ter uma opinião a respeito de qualquer tema e se comunicar adequadamente.

O modelo logo abaixo, de um psicólogo inglês especializado em pesquisas pré-natais, faz analogia de uma criança ao nascer metaforicamente entrando no "canal de sua vida". Em primeira instância o relacionamento entre o recém-nascido e a mãe é sensível e não consciente; assim, aos poucos o bebê vai introjetando a imagem e as sensações da presença da mãe. Lake afirma que, como o bebê não tem capacidade de existência pessoal separada, ele só pode conceber a si mesmo como "sendo" ou "existindo" pela "identificação" ou "osmose" com o corpo da mãe. Essa relação acontece no nível da "sensibilidade" e serve como um pré-devir da consciência. O filósofo José Gil, em

Fernando Pessoa ou a metafísica das sensações[7], observa que a consciência se torna consciência do corpo: porque já não há distância entre interior e exterior...

> [...] é o corpo que sente, que vê, que sonha, são as intensidades-fluxos de órgãos que se tornam conscientes. [...] Tudo se torna corpo sensível, a própria alma adquire a espessura da carne e expressões como "pensar com o meu corpo" e sonhar com a minha pele" marcam a ausência de fronteiras entre o "espírito e a matéria".

Podemos associar essa afirmação de Gil às primeiras fases do desenvolvimento, quando subjetivamente não há diferença para o bebê entre ele e sua mãe; é a fase simbiótica que na identificação serve como formação de consciência.

Vejamos então no primeiro quadro a seguir, de acordo com Frank Lake[8], como seria o desenvolvimento suficientemente bom de uma criança após o nascimento, em que a fase I justifica a *sensação* de existência do bebê e a fase II reafirma esta *sensação*, mas já num plano de manutenção do existir, "um bem existir" ou "bem ser". Essas duas fases serão bases importantes para o desenvolvimento suficientemente bom da autoestima e do desejo de realização. As possibilidades de absorção e sucesso do desenvolvimento dependerão de como a "mãe" lidará com os acidentes e microacidentes na "empiria" do relacionamento, atualizando forças de situações inesperadas por meio da sensação.

O MODELO ONTOLÓGICO
FASE II
"SUSTENTAÇÃO"

- Mãe genética real
- Mãe internalizada
- "Bem-Sendo"
- "Sendo"
- Nascimento

FASE I
"ACEITAÇÃO DO NASCIDO"

FASE III
"*STATUS*"

FASE IV
"REALIZAÇÃO"

A fonte de "si-mesmo sendo"[9] e de "bem-sendo" é aberta por amor e cuidado, aceitação (acolhimento), suporte (sustento) e dada pela "pessoa fonte". Ela vai para dentro do "necessitado" para "sendo-mediante-a-relação". Dessa forma, a comunicação se dá entre "fontes" pessoais. Este *input* dá uma forte sensação de "*status*", e a identificação motiva o movimento para fora do canal. A realização se dá para fora.

Fase I – A "aceitação" faz o "sendo si-mesmo"[10] possível de pertencer ao mundo, com o continente oferecido pela mãe.

Fase II – A "sustentação" cria e dá condições ao "bem-sendo".

Fase III – O "*status*" dá motivação para o movimento de comunicação em direção ao exterior.

Fase IV – A "realização" é a capacidade de alguém se colocar a serviço no mundo.

No quadro a seguir podemos ver o que, ainda de acordo com Lake, poderia acontecer se a primeira e a segunda fases fossem negadas. As conseqüências seriam então as primeiras e mais profundas marcas de caráter e desenvolvimento somático; os acidentes aqui modificariam de forma dura o trajeto esperado, deixando de ser somente acidentes para tornar-se traumatismos, quando a força das negativas da "mãe" se sobrepõe à do bebê. Deleuze chamaria de "novas fundações", pois é no afundamento, na queda que se formam as sensações; o bebê pode "cair" nos "braços da 'mãe'" ou num poço sem fundo, com a possibilidade de se agarrar nas bordas, formando as tais novas fundações caracteriológicas[11]. É quando a "mãe" eleva a criança que esta começa a formar seus fundamentos existenciais, assim como o agarrar nas bordas. Quando não há possibilidade de se agarrar a nada, a tendência poderá ser de formação de núcleos psicóticos, em que a criança cai "só" em "si-mesma", sem a referência do outro, concreto e subjetivo, criando então onipotentemente dentro de si as imagens necessárias para sua sobrevivência como último recurso e fundamento abstrato para permanecer neste mundo. Ela passa a comunicar-se tão-somente consigo própria, enxergando o "outro" sempre como parte de si mesma.

Neste quadro podemos ver com um pouco mais de detalhes nas quatro fases, incluindo no início da fase III, um período de transição em que começa a experiência de conscientização da separação de "uma pessoa" para "duas pessoas" que carregam em sua essência as experiências anteriores que lhes darão consistência para as próximas experiências de constituir um "*status* de indivíduo" e posteriormente colocar-se a serviço das relações humanas.

No quadro da página 33, Lake avalia as conseqüências do que ele chama de perda do "sendo". O bebê na sua força genética de sobrevivência procura novos caminhos para se manter no mundo, formando canais de sobrevivência que evitam os obstáculos impostos pela negação, atualizam as forças de maneira inesperada, forças estas que, no futuro, se mantidas, serão formadoras de posturas de caráter (comportamental e corporal). Como nos exemplos do quadro, as escapadas poderão levar a formações caracteriológicas[12] de comportamento bem como de deformações posturais de ordem muscular:

O ÚTERO DO ESPÍRITO – EU e TU

II. A SUSTENTAÇÃO DO SENDO LEVA AO BEM-SENDO

Bem-sendo é atingido quando o bebê recebe sustento – apoio da "mãe" em todos os níveis. "Valor na fome"

EU-EU MESMO

TRANSIÇÃO
Da maneira como o ciclo acontece no 1º ano de vida por *identificação para conscientização da separação.*

III. *STATUS* DO INDIVÍDUO
A dinâmica da coragem: fazer parte dos outros e agora ser parte de *si mesmo* só, está agora formada a dinâmica do sendo e bem-sendo para o mundo de outras pessoas.

Mãe genética

Mãe internalizada

IV. REALIZAÇÃO
"A DINÂMICA DO TRABALHO"

Uso do poder do sendo, em atividade construtiva, ganhando habilidades no trabalho e nas relações humanas.

I. "A GÊNESIS DO SER"
ACEITAÇÃO
"SENDO SI MESMO"

1. Esquizóide, que a psicoterapeuta dinamarquesa Lisbeth Marcher chama de "existencial mental". A criança retira-se energeticamente do meio ambiente guardando-se dentro de si com medo de desaparecer.
2. Histérica, que Lisbeth chama de "existencial emocional". A reação à ameaça externa neste caso se dá com uma explosão emocional em direção ao meio ambiente, pois este está ameaçando desaparecer.
3. Oral, que sem o continente da mãe pode perder o conhecimento do "quem eu sou", pelas profundas ansiedades de separação, levando a posturas de resignação, abandono e desespero.
4. Na fase seguinte do "bem-sendo" o risco está na perda do bem-estar que leva a intensas sensações de fobia e paranóia, conseqüência de perder o chão que dá o sentido e prazer da vida que constituem a segurança mais profunda.

As fases I e II são consideradas passivas por haver dependência quase absoluta da mãe ou do cuidador; as fases III e IV podem ser consideradas ativas pelo fato de a criança já ter maior contato com o meio ambiente.

RESSONÂNCIA NA COMUNICAÇÃO TERAPÊUTICA[13]

Ainda que a experiência (consciente ou não) de cada indivíduo seja "invisível" para qualquer outra pessoa, o psicoterapeuta está constantemente tentando sentir intuitivamente, deduzir e construir hipóteses desta "experiência invisível" do Outro. Essa intuição pode ser guiada por "mapas de experiência", isto é, por estruturas teóricas que têm uma qualidade espacial como mapas de um território até então desconhecido.

PERDA DO "SENDO" E DO "BEM-SENDO"

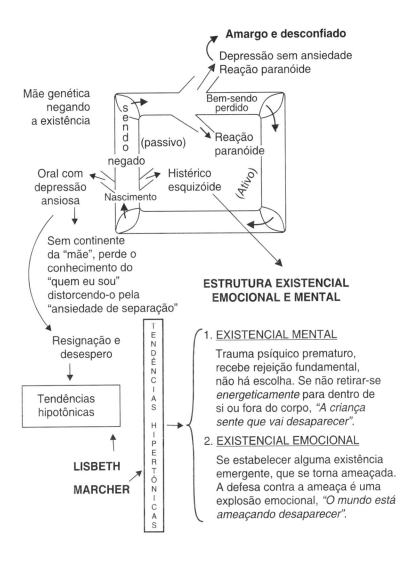

De onde vêm nossos "mapas"? A psicoterapia corporal empresta mapas e estratégias de outras orientações psicoterapêuticas e espera-se que outras formas de psicoterapia mantenham este "plágio", desde que isso signifique abertura teórica com respeito a orientações psicoterapêuticas alternativas. Outra forma mais brasileira de encarar o fato seria o conceito de antropofagia em termos culturais, uma perspectiva de nossa cultura de devorar outros valores, modificando e dando novas ordens às relações, como diria Haroldo de Campos, uma renovação de ligação entre os fatos. Qual mapa de experiência a psicoterapia corporal pode emprestar ou digerir da psicanálise? A psicanálise fala de "consciência" e "dinâmica inconsciente" (Freud, 1924). A psicoterapia corporal, bem como a psicanálise, diz que a experiência *talvez esteja reprimida na consciência*; assim, há a necessidade de permitir a reemergência para a consciência das experiências reprimidas.

A terapia gestáltica oferece uma experiência baseada na figura central, no foco da consciência e no terreno periférico, que é a periferia da experiência (Perls, Hefferline e Goodman, 1969). A estratégia é permitir que experiências periféricas relevantes cheguem à consciência; por isso Gestalt-terapeutas chamam a atenção de seus clientes para movimentos e gestos corporais aparentemente sem significado, como por exemplo o balançar de um pé, o apertar das mãos e a relação lingüística.

Em qualquer mapa que seja usado, a conseqüência é a mesma: a estratégia psicoterapêutica é trazer para o primeiro plano da experiência emoções, pensamentos, imagens e sensações corporais que estejam fora dele. Enquanto tais experiências encontram-se no plano não consciente, não se integram à personalidade, que se mantém "dividida", "limitada", "fragmentada" ou "dirigida por forças inconscientes" e "fora de controle". Os psicanalistas alegam que esse trabalho ajuda o "retorno do reprimido". Os gestaltistas alegam ser necessário "fazer a experiência completa". Sob qualquer hipótese dinâmica, o objetivo é ajudar a personalidade a se tornar mais integrada ou completa. Também se assume que comportamentos negativos, destrutivos e incontroláveis aparecerão espontaneamente quando as forças inconscientes ou não conscientes se tornarem conscientes.

PROCESSOS FISIOLÓGICOS NÃO CONSCIENTES SUBJACENTES ÀS EMOÇÕES[14]

Enquanto a psicoterapia corporal tira vantagem de mapas que derivam de outras orientações psicoterapêuticas, há outros mapas específicos da psicoterapia corporal, como por exemplo o mapa dos "processos fisiológicos não conscientes" que estão por baixo e influenciam o processo emocional. A psicoterapia corporal propõe que tais processos fisiológicos se transformam simultaneamente com nossos processos emocionais e cognitivos. Processos "não conscientes" não equivalem ao inconsciente freudiano, pois nossa hipótese é que eles não podem se tornar conscientes. Tais processos envolvem o sistema límbico – considerado o "cérebro emocional" por Paul MacLean (1981) –, e estudos mais recentes definem a amígdala, que integra o sistema límbico, como o mais central agente neural organizador das respostas emocionais, especialmente as de fuga, luta e congelamento. Outras estruturas neurais, abaixo do nível do sistema límbico, participam na organização de respostas emocionais: o hipotálamo (para as funções de controle simpático/parassimpático e imunológico), o gânglio basal (para a ação motora), a medula (para a circulação sangüínea e respiração), o nervo vago (para o aumento da estimulação orgânica visceral) e o cerebelo (para a coordenação motora). Resumidamente todos esses sistemas neurais subcorticais participam das respostas emocionais, mas sua estrutura não é apoiada anatomicamente pela complexa estrutura característica do córtex cerebral. Assim, pensamos que os resultados dessas funções subcorticais não podem entrar no campo da consciência. Apesar da falta de acesso à consciência, o trabalho psicológico da psicoterapia corporal precisa influenciar esses processos fisiológicos não conscientes para que haja sucesso na transformação de uma pessoa não comunicativa, não saudável ou sofredora no aproveitamento de seu potencial positivo.

Mas não é apenas o cérebro que contém funções fisiológicas não conscientes. Todo o corpo somático está envolvido. Alguns aspectos do corpo somático podem se tornar conscientes, como os órgãos sensoriais visual, auditivo, olfativo, as sensações de pele, a proprocepção muscular etc., mas "níveis baixos" de funcionamento somático jamais encontram acesso para a consciência, como vasoconstrição, secreções glandulares, processos digestivos como peristaltismo, níveis hormonais etc. De igual importância, processos intracelulares com grande efeito em toda a função orgânica estão sempre fora do campo da consciência.

EXPERIÊNCIAS CONSCIENTES CORTICAIS E PROCESSOS SUBCORTICAIS NÃO CONSCIENTES

O cérebro consiste em muitos níveis com centros neurais conectados horizontal e verticalmente. O nível mais alto, o córtex cerebral, contém muitas áreas conectadas umas com as outras: o córtex visual, auditivo, áreas de funcionamento proprioceptivo, áreas de pensamento simbólico, memória, linguagem, emoção, planejamento e ação. Processos conscientes são correlacionados à ligação neural na maioria dessas áreas.

Processos não conscientes são correlacionados com ligação neural nas áreas baixas do cérebro, chamadas áreas subcorticais. Existe uma constante interação entre processos corticais conscientes e processos não conscientes subcorticais.

CONEXÕES SIMPÁTICAS E PARASSIMPÁTICAS ENTRE AS ÁREAS CORTICAL E SUBCORTICAL[15]

O sistema nervoso autônomo controla as "funções autonômicas" do corpo, isto é, aquelas que não têm controle consciente direto. Por exemplo, a distribuição de sangue, as batidas do coração, os processos digestivos, o suor etc. O sistema nervoso autônomo divide-se em "ativador", componente simpático que usa energia ascendente; e "relaxador", componente parassimpático que renova a energia.

As funções simpática e parassimpática ajudam o corpo a suportar atividade vigorosa (utilizando o ativador simpático por meio de adrenalina) e depois a renovar a energia gasta (utilizando o relaxador parassimpático por meio de noradrenalina). De acordo com a neurofisiologia, é o hipotálamo que regula essas duas funções. Mais adiante apresentaremos a pesquisa do neuropsicólogo Allan Shore no campo do sistema nervoso autônomo e suas conexões com o funcionamento dos dois hemisférios cerebrais. Gellhorn[16] defende a suposição de que os dois sistemas trabalham em alternância. Um componente se intensifica enquanto o outro diminui e vice-versa.

Como é possível esse importante mecanismo regulador de toda a fisiologia corporal, mesmo em nível celular, se perturbar? Isso ocorre quando ambos os processos, simpático e parassimpático, são ativados simultaneamente. Isso é denominado mecanismo patológico aditivo da descarga simpática-parassimpática. Tal mecanismo pode ser comparado ao processo de acelerar e brecar um automóvel ao mesmo tempo. O guinchar do motor é como o corpo manifestando sinais de distúrbio devido às mensagens contraditórias.

Outro distúrbio pode vir de uma "dissociação" entre os dois componentes: neste caso a ação de um não influencia a do outro, pois os dois estão fora de sincronia.

IMPLICAÇÕES CLÍNICAS

Uma importante implicação clínica é que as emoções também são associadas a esses dois sistemas de energia: emoções ativas, como "pular de alegria", estão relacionadas ao sistema simpático. Emoções ativas podem também ser "perturbadoras" ou "negativas", como raiva, ódio, frustração ou protesto. Por outro lado, emoções "receptivas" são associadas ao sistema parassimpático: ternura, prazer calmo, amor suave. Emoções "receptivas" também podem ser difíceis ou perturbadoras: ferida emocional, dor, tristeza, desapontamento, vergonha e perda.

As emoções tornam-se perturbadas quando os dois sistemas perdem sua alternância normal. Assim, cada emoção pode ter duas versões: uma dinâmica, em que há alternância; e outra crônica ou estagnada, quando há perda da alternância. Por exemplo, podemos ter "raiva dinâmica", com o ascender-descender emocional, ou "raiva estagnada" (ressentimento, amargura, hostilidade), em que a alternância dinâmica se perdeu. Também podemos ter "tristeza dinâmica", que é estimulada por uma situação de perda e com o tempo se acalma e se transforma em uma sensação normal, ou "tristeza crônica", depressão, vazio e apatia, que continuam por meses e anos, em vez de espontaneamente desaparecer com o tempo.

O que acontece aos componentes simpático e parassimpático do sistema nervoso autônomo quando expressamos raiva num momento de frustração ou nos permitimos "secar" num momento de tristeza ou perda? Aprofundar e expressar nossas emoções pode estimular os dois sistemas de tal forma que as interações "aditivas" anormais ou "dissociadas" se transformam em dinamicamente alternadas. Podemos também chamar essa interação de "reciprocidade" ou "complementaridade". Em outras palavras, estou formulando a tese de que possibilidades diferentes de influenciar o sujeito possam alterar profundamente o funcionamento do sistema nervoso autônomo, a ponto de causar modificações de humor, entre outras reações.

Pesquisas do professor Allan Shore (1994) sobre os processos simpático e parassimpático têm várias implicações clínicas:

1. As emoções relacionadas à dominação simpática (raiva, protesto) ou à dominação parassimpática (tristeza, dor) envolvem neurônios que ocupam todos os níveis cerebrais.
2. Os processos conscientes corticais – pensamentos, memórias, percepções – podem influenciar um estado emocional: o lobo frontal recebe mensagens de diversas partes do córtex e manda mensagens para a parte inferior no sistema límbico. As mensagens podem induzir à raiva (sistema simpático) ou à vulnerabilidade (sistema parassimpático).

Ao mesmo tempo, estados subcorticais não conscientes originados em diversos níveis cerebrais podem enviar mensagens à parte superior no lobo frontal. Neste sentido os processos fisiológicos internos podem influenciar estados emocionais conscientes. A "medicina psicossomática" enfatiza o fato de a "psique" influenciar a condição somática. A "medicina somatopsíquica" mostra o inverso, ou seja, o corpo influenciando o estado psicológico. A teoria dos sistemas prediz esta interação causal e a pesquisa de Allan Shore apresenta os caminhos neurais que demonstram como as duas abordagens são válidas.

Por que essa dinâmica de sobe-desce, desce-sobe é tão importante? Porque mostra que a oposição tradicional entre "causas psicológicas" e "causas orgânicas" precisa ser sediada por uma abordagem integrada entre mente-corpo.

3. Aqui estão alguns exemplos clínicos:

DO CÓRTEX AO SUBCÓRTEX

a) Uma percepção consciente – uma foto, uma frase, um lugar –, um pensamento ou uma fantasia podem evocar "velhas memórias ou sentimentos" que ficaram enterrados ou mesmo completamente esquecidos. O processo consciente cortical, a percepção, manda mensagens à conexão amígdala-hipocampo do sistema límbico (centro que integra emoções inconscientes e memória). O sistema límbico envia as mensagens de volta ao córtex. Essas mensagens invocam os padrões corticais da memória emocional que vêm da infância.

b) Um despertar emocional pode mudar nossa respiração, fazer com que nosso coração bata mais depressa ou criar a sensação de peso na barriga. Esses são os efeitos das mensagens emocionais descendentes simpática-parassimpática que atingem o tronco cerebral (constituído por bulbo, ponte e mesencéfalo). Possui centros de controle da respiração, do sistema cardiovascular, da função gastrintestinal, de vários movimentos estereotipados, do equilíbrio e dos movimentos oculares. Serve como instrumento dos centros neurais superiores, que transmitem vários sinais de "comando" para iniciar ou modificar as funções de controle específicas do tronco cerebral.

c) O lobo frontal e o sistema límbico regulam as emoções e mandam mensagens descendentes ao hipotálamo, influenciando suas várias funções. De acordo com Ernest Rossi[17], podemos observar pelo menos seis funções:

1. regulação simpática-parassimpática;
2. produção hormonal (corticosteróides, adrenalina, noradrenalina, tiroxina e hormônios sexuais);
3. padrões motores;
4. processos imunológicos;
5. desejo sexual;
6. apetite.

Assim, todas essas funções podem ser perturbadas ou alteradas por estados emocionais. Eis alguns padrões específicos: emoções com predominância simpática podem produzir hipertensão (excesso de noradrenalina), reduzir o apetite ou criar tensões abdominais crônicas (bloqueio do funcionamento peristáltico), causar movimentos agitados e impulsivos (padrões motores descoordenados), vulnerabilidade a infecção e tumores, dores de cabeça (aumento do tônus e constrição arterial), dores crônicas nas costas (aumento do tônus motor com redução da flexibilidade das articulações) etc.

Em contraste podemos destacar alguns resultados associados à predominância parassimpática: passividade crônica (diminuição do tônus muscular e perda de ativação), obesidade (aumento do apetite e perda de atividade motora), apatia (diminuição anormal de hormônios de estresse), isolamento social (perda de "carga" em relação a interesses sociais e expressão de vitalidade), redução da auto-estima (perda de competência motora) etc.

DO SUBCÓRTEX AO CÓRTEX

Base emocional de orientação sensorial. Allan Shore descreve os caminhos neuronais em que as emoções inconscientes (sistema límbico) mandam mensagens ascendentes ao lobo frontal. As mensagens são depois encaminhadas para a parte posterior do cérebro envolvendo produções sensoriais e perceptivas. As áreas sensoriais posteriores são "preparadas" ou "ativadas" por essa produção emocional e tendem a favorecer os padrões de estímulos que correspondem a essas emoções. Assim, por exemplo, a emoção de "medo da desaprovação materna" pode ativar áreas sensoriais posteriores em que o "rosto da mãe" ou o "tom de voz da mãe" será especialmente ativado. Ao procurar confirmar esta sensação, o bebê combina a emoção de medo com uma leve expressão de desaprovação ou a brusca alteração no tom de voz da mãe. Dessa forma, a sensação pode proporcionar uma orientação perceptiva que favorece, por meio de circuitos de *feedback*, o reforço da emoção original.

Se a ativação é insuficiente, certos padrões de depressão e apatia podem derivar de processos ascendentes. Nós podemos imaginar como a ativação insuficiente dos processos inferiores do cérebro – que Gerald Edelman afirma serem devidos à inibição ou perda de padrões motores – pode resultar em ativação insuficiente de mensagens ascendentes. Que tipo de fenômeno clínico poderia surgir? Pensamentos lentos, padrões de pensamento dispersos e desestruturados, padrões de ação inibidos ou lentos, falta de desejo ou interesse etc. Esses padrões podem então criar um tipo de energia baixa na expressão da voz, dos gestos e do movimento, que então gerariam desinteresse ou mesmo agressão em contatos sociais. A pessoa nesta situação pode se sentir rejeitada, com a auto-estima baixa e se isolar socialmente, criando um círculo vicioso entre baixa vitalidade e isolamento social.

Estados tóxicos, infecções, anormalidades metabólicas, alucinações e paranóia são outras situações anormais no subcórtex.

O modelo de Allan Shore que avalia a interação entre os centros neurais simpático e parassimpático em múltiplos níveis cerebrais oferece um mapa neuronal para entender o complexo fenômeno da comunicação mente–corpo. As várias conexões entre áreas corticais e centros subcorticais correlacionam-se com as experiências clínicas em que pensamentos e imagens conscientes podem influenciar estados fisiológicos e vice-versa, isto é, estados fisiológicos inconscientes podem influenciar pensamentos e imagens conscientes. Essas interações são coerentes com o modelo sistêmico: que significados produzidos em qualquer nível, consciente (cortical) ou inconsciente (subcortical), podem influenciar o cérebro como um todo.

Gerald Edelman usa o termo "reentrada" para um mecanismo neurológico em que há um fluxo de duas mãos entre os diferentes centros neuronais, ajudando a esclarecer como esta reciprocidade realmente funciona no cérebro. Diversas estratégias terapêuticas podem ter resultados semelhantes. Por exemplo, "imagens", positivas ou negativas, podem criar novos padrões nas áreas visuais do córtex. Isso se estende, num plano horizontal, para outras áreas corticais, como as parietais "simbólicas", áreas de memória do lobo temporal, funções lingüísticas da área de Broca, áreas "emocionais" do lobo frontal e áreas motoras relacionadas à ação e execução. Psicoterapia de orientação verbal pode promover uma expansão horizontal, como por exemplo o trabalho terapêutico que envolve sonhos simbólicos, ou a terapia comportamental que modifica programas de ação.

O ponto principal é que a extensão cortical está em constante interação com centros subcorticais, que são modificados pelas novas produções superiores quase instantaneamente e enviam mensagens ascendentes.

Psicoterapias de orientação corporal como Biossíntese, Bioenergética, Psicodrama e Biossistêmica acrescentam "ações do corpo" ao *setting* terapêutico. Assim, processos subcorticais e somáticos são estimulados enquanto pensamentos e imagens corticais são trazidos a um foco de consciência ou expressão. As técnicas de orientação corporal podem criar uma "extensão subcortical", que significa que as mensagens são enviadas para cima a partir dos centros subcorticais ao córtex da consciência, da mesma forma que a partir da consciência também podem ser estimulados os centros subcorticais.

Até mesmo "métodos físicos puros" como ginástica, ioga, Tai Chi, exercícios aeróbicos, massagem e exercícios de relaxamento são conhecidos por trazer certos benefícios ao estado emocional das pessoas. Podemos imaginar como os centros subcorticais, estimulados por novas produções de experiências corporais ativas, mandam mensagens revitalizadas para produzir novas experiências corticais.

Métodos terapêuticos podem trazer benefícios começando do lado consciente cortical ou do lado não consciente subcortical, isto é, o acesso ao plano das subjetividades pode ser tanto pela consciência cortical como pela sensibilidade não consciente subcortical. Uma limitação de todas as técnicas terapêuticas é que o cérebro tenderá a voltar à sua forma original patológica depois da intervenção terapêutica. Este seria um princípio homeostático de todos os sistemas complexos, e se sobressai quando o estado patológico anterior foi longo e se tornou crônico. Mas podemos levantar a hipótese de que os benefícios das intervenções relacionais resistem se as experiências se repetem e são intensas.

Gerald Edelman observa que, mesmo que processos subconscientes não criem diretamente experiências de consciência, eles influenciam constantemente os processos corticais geradores de consciência. Assim, a consciência não seria possível sem os processos subcorticais não conscientes.

Os sistemas simpático e parassimpático desenvolvem múltiplos níveis de conexão. Os principais centros neuronais organizadores destas conexões são, de baixo para cima: o tronco cerebral, o tegmento, o hipotálamo, o sistema límbico e o lobo frontal do córtex (envolvendo sobretudo o hemisfério direito).

Segundo Allan Shore, as emoções não se limitam à experiência consciente (nível cortical) nem ao sistema límbico subcortical, mas envolvem todo o cérebro.

O pesquisador sugere que o desenvolvimento estrutural do hemisfério direito media o desenvolvimento funcional da mente inconsciente, e que a integração de descobertas nas ciências neurobiológicas e de desenvolvimento permitiria uma compreensão mais profunda da origem e dos mecanismos do sistema focado pela psicanálise, "o sistema inconsciente". Freud (1920) descreveu o inconsciente como um "campo especial, com seus próprios desejos, modos de expressão e mecanismos mentais peculiares não operados em outro lugar". Devido ao seu papel central nas funções inconscientes e a suas atividades processuais primárias, psicanalistas que naquela época começaram a estudar a cisão cerebral passam a relacionar psicanálise e neurobiologia, defendendo a hipótese de que o hemisfério direito é dominante no processo inconsciente e o esquerdo, no processo consciente. Watt (1994)[18] sugere que o hemisfério direito contém um sistema representacional afetivo que organiza um código de imagens para o *self*-objeto, enquanto o código do hemisfério esquerdo é léxico-semântico. Em *Affect regulation and the origin of the self* (Shore, 1994) o autor descreve alguns mecanismos psiconeurobiológicos por meio dos quais experiências de afeto atingem a maturação das experiências de dependência no hemisfério direito, mediando processos de vínculo e também mecanismos psicobiológicos pelos quais a "mente direita" se organiza na infância.

O hemisfério cortical direito, centralmente envolvido nas funções de vínculo, é dominado pela percepção do estado emocional alheio, por um mecanismo cortical direito posterior envolvido na percepção de expressões não-verbais apresentada na face e na prosificação das outras pessoas. *É também dominante por experiências subjetivas emocionais e pela detenção de objetos subjetivos.* A "transferência de afeto" entre os hemisférios direitos da dupla mãe e bebê ou entre pares terapêuticos é mais bem definida como "intersubjetividade". O hemisfério direito está sempre envolvido em atividades inconscientes e, assim como o hemisfério esquerdo, comunica seu estado ao hemisfério esquerdo de outras pessoas por meio de comportamento lingüístico consciente. Assim, o hemisfério direito comunica de forma não-verbal seu estado inconsciente ao hemisfério direito de pessoas que estejam preparadas para receber a comunicação.

"É algo notável como o inconsciente de um ser humano pode reagir ao de outro, sem passar pelo consciente", afirmou

Freud (1915c, p. 194). Ele também postulou que o terapeuta deveria "ligar seu próprio inconsciente como um órgão receptor às transmissões do inconsciente do cliente [...] para que o inconsciente do doutor seja capaz [...] de reconstruir o inconsciente do cliente" (idem, 1912, p. 115). Ele chamou esse estado de prontidão receptiva ou "atenção flutuante". Bion se referiu a "devaneio" ou "estado alfa do sonho", claramente implicando um estado do hemisfério direito do cérebro.

Esse mesmo sistema de hemisfério direito a hemisfério direito é descrito na literatura neuropsicológica por Buck (1994, p. 127)[19] como "comunicação espontânea emocional":

> Comunicação espontânea emprega específicas demonstrações do remetente que, dando atenção, ativa pré-harmonizações emocionais que são diretamente percebidas pelo receptor [...] O significado da demonstração é conhecido diretamente pelo receptor [...] Esta comunicação espontânea emocional constitui a comunicação entre sistemas límbicos [...] É um sistema de comunicação de base biológica que envolve organismos individuais diretamente entre si: os indivíduos em comunicações constituem literalmente uma unidade biológica.

CAPÍTULO 2

ANALOGIA EM DELEUZE E GUATTARI

Desejo iniciar este capítulo transcrevendo um trecho de Deleuze (1995, p. 109) que nos incita a refletir sobre a relação entre linguagem analógica e linguagem digital, linguagens estas básicas para o vínculo entre comunicação verbal e não-verbal. Essas duas formas de comunicação extremamente aplicadas na relação terapêutica baseada na psicoterapia corporal são usadas como base para compreendermos a transferência, a contratransferência e a ressonância. Assim, a analogia com as noções de Deleuze é de vital importância para formação, aprofundamento e compreensão de conceitos que sirvam de raiz para a parte relacional do trabalho terapêutico, tanto sob aspecto psicólogico quanto filosófico.

> [...] Seguindo uma terminologia atual, diríamos que Cézanne faz um uso analógico da geometria, e não um uso digital. O diagrama ou motivo será analógico, enquanto o código será digital. A "linguagem analógica", digamos, é do hemisfério direito, ou melhor, do sistema nervoso, enquanto a "linguagem digital" é do hemisfério esquerdo do cérebro. A linguagem analógica será uma linguagem de relações que comporta os movimentos expressivos, os signos paralingüísticos, os sopros e gritos etc. A questão de saber se é realmente uma linguagem, isto pode ser questionado. Mas não há dúvida, por exemplo, que o teatro de Artaud elevou os gritos-sopros ao estado de linguagem. De modo mais geral, a pintura elevou as cores e as linhas ao estado de linguagem, uma linguagem analógica. Podemos mesmo nos

perguntar se a pintura não foi sempre uma linguagem analógica por excelência. Quando falamos de uma linguagem analógica nos animais, não nos damos conta de seus cantos eventuais, que são de outro domínio, não retemos essencialmente os gritos, as cores variáveis e as linhas (atitudes, posturas) [...] Definimos então o analógico por uma certa "evidência", por uma certa presença que se impõe imediatamente, enquanto que o digital tem necessidade de ser aprendido. Mas isto não é o melhor, pois o analógico também precisa de um aprendizado, mesmo entre os animais, se bem que este aprendizado não é do mesmo tipo que a aquisição do digital. A existência da pintura será suficiente para confirmar a necessidade de um longo aprendizado, para que o analógico se torne digital. A questão não justifica uma teoria cortante, mas deve se fazer objeto de estudos práticos.

Esta *certa evidência, certa presença*, estaria nos levando ao mundo das sensações? José Gil, em *Metamorfoses do corpo*, aponta "esta evidência ou certa presença" como um lugar da subjetividade ou da experiência indireta na relação. Já na linguagem digital a percepção é direta, por meio da comunicação não-verbal imagética. A comunicação analógica não se percebe, não tem imagem ou a imagem que a representa seria sempre um equívoco, pois parte está sempre escondida pela "esquiva", ou seja, a experiência do outro sempre escapa ao que vejo. Supondo-se que diante do corpo de alguém queremos ver o que o outro vive, esta visão iria além do visual ou da imagem que o outro apresenta, um tipo de contato que comunica, ou, como Gil afirma, "mistura substâncias", implicando conhecimento e afeto. O que dissermos sobre o interior do outro pode ser somente conjectura intuitiva intelectual, mas o misturar de substâncias que se sente passa pela afetividade, pelo quanto você é afetado pelo outro e pelo quanto este afeto está carregado de ressonância orgânica. Assim, ressoar e perceber o outro visa à comunicação, conhecer e se conectar imediatamente. Ainda segundo Gil, o signo se estabelece na imagem superficial, nos sinais exteriores, *a expressão é tomada pelo expresso, o esgueire é tomado como o todo, o interior se perde no invisível.* O signo começa com um equívoco: a pintura, a fotografia e a leitura do corpo podem ser tomados como sendo o todo.

A leitura do corpo em psicoterapia corporal é um esquema que não é cego completamente, mas pode se definir como uma tradução na zona de quebra (ou ponte) entre esta comunicação interior e a exterior. A leitura do corpo é uma técnica usada pelas terapias corporais, originadas na teoria do psicanalista Wilhelm Reich, e posteriormente utilizada pela Bioenergética, pela Biossíntese e pela Biodinâmica como uma ponte de acesso ao invisível. As leituras corporais ou representações serviram, segundo Alexander Lowen[1], para determinar como manifestações profundas de uma pessoa se transformam em leitura de caráter. Aí está o signo que se estabelece na imagem superficial, no esgueire, no equívoco. Uma pintura ou uma fotografia eventualmente tomadas como o todo, ou indícios tomados como se fossem a própria coisa. Como afirma Gil: "O exterior é esquematizado pelo interior". Essa fronteira ou ponte de contato representada no limiar entre interior e exterior se esquematiza na pele, a fratura entre as duas zonas, que forma o que a terapia corporal chama de linha de caráter, a linha exterior que se estende por toda a superfície do corpo, local onde o interior se destaca.

Pierre Janet[2], a partir de 1895, desenvolveu um trabalho pioneiro na fundação da psicoterapia corporal. Diz o autor:

> Uma nova psicologia fisiológica substitui a concepção primeira de personalidade como uma alma metafísica (desincorporada). A personalidade não é encontrada nessa alma, mas é encontrada no corpo. É se tornando consciente do corpo que se descobre a per-

sonalidade [...] Nós sentimos nosso corpo, nós sentimos nossa pele, nós sentimos o calor do corpo, nós sentimos os órgãos internos e esta organização de sensações relacionadas ao nosso corpo nos dá personalidade. As características da personalidade, unidade, identidade, distinção, derivam das características do corpo [...] Não é possível avançar no estudo da personalidade sem primeiro entender o caráter de ter um corpo.
Em nossos esforços de mudar o comportamento do homem nós não podemos fazer uma divisão radical entre o que é físico e o que é mental [...] Desordens neuropáticas são a expressão da atividade de todo o organismo em seu crescimento, sua evolução, sua involução. Psicologia não é dependente da fisiologia, mas demanda uma mais delicada e mais profunda fisiologia [...] Psicoterapia é um grupo de processos terapêuticos de todos os tipos, físicos assim como mentais.

O espaço interno do corpo, sua fisiologia, sua cinestesia fazem parte de um desconhecido interno que, quando percebido, torna-se imediatamente expressivo. Os músculos, a face, a pele, a voz, como Gil afirma, esquematizam o sentido dos afetos e pensamentos. Nessa esquematização aparece uma figura representada no exterior que lhe dá um sentido ou uma idéia do sentido. O espaço interno do corpo, o não visível, permite que o pensemos como inconsciente ou não consciente, algo não vivido ou a ser vivido, que por meio de intensidades e forças se revela nas posturas de um corpo habitado.
Em Biossíntese chamamos estas posturas de "posturas da alma", sobre as quais entraremos em detalhe mais adiante. Como disseram Françoise Dolto e Daniel Stern, a relação entre mãe e bebê não é apenas orgânica, mas uma relação de desejo em que o mundo interno de cada um está se conectando e se organizando. Pesquisas atuais mostram que durante os primeiros três meses de vida é o hemisfério direito do cérebro que do-

mina a relação e nos primeiros dois anos de vida ocorre o maior crescimento do cérebro. Essa amplificação acontece quando o que vem de fora ressoa dentro, criando um estado positivo nos dois, gerando afetos de vitalidade em que a mãe precisa estar em sintonia psicobiológica com a criança. Afetos prolongados de falta de sintonia se tornam tóxicos, com efeitos graves de não-comunicação na ligação entre mãe e bebê. Então a ligação é construída por meio de afetos positivos criados pelo sistema nervoso, e a interação pela transição das transações dominadas pelo hemisfério direito das duas pessoas, com uma comunicação emocional espontânea nessa conversação entre sistemas límbicos. Também é interessante observar que pesquisas recentes demonstram que nessa fase inicial do desenvolvimento ocorre, além disso, uma expansão no cérebro da mãe que esteja em sintonia com o do bebê.

No artigo de David Boadella sobre Pierre Janet, este considerava a mudança da imagem corporal fundamental nos distúrbios psíquicos. Charles Sherrington (1906), com sua ênfase em propriocepção, interocepção e exterocepção, apresenta uma compreensão tripartite de três sistemas funcionais que lidam com o mundo interno, o mundo externo e a conexão entre os dois. Esse "entre-mundos", a somatopsiquê usando informação proprioceptiva e *feedback* cinestésico, foi fundamental para a compreensão do esquema e da imagem corporais (Boadella, 1997). A propriocepção, informação da sensação muscular, mediada pelos fusos musculares do sistema nervoso gama é parte essencial de nossa imagem corporal, de nosso enraizamento no mundo, e define quanto estamos em contato, coordenamos e organizamos os movimentos. Janet considerava movimento e consciência inseparáveis: "Não há nada na consciência, mas ação e seus derivados".

A relação semiótica começa por meio dos signos, ou dos sinais exteriores que representam o interior, a emoção, o sentimento e os pensamentos vividos; o signo é o esquema, a figura representada. "Um ser é onde age."³

O exemplo do corpo com uma cabeça sem rosto dado por José Gil em *Metamorfoses do corpo* nos mostra como o sentido precisa de uma pele para se expressar e ser reconhecido. Uma vez solicitei a um paciente que desenhasse a si mesmo e ele desenhou sua cabeça em cima de uma escrivaninha... Porque era assim que ele funcionava, de modo totalmente racional e desconectado do restante de seu corpo. Todo nosso trabalho foi direcionado na incorporação do que faltava como algo que acrescentava um *grounding*, um chão seguro de fluxo para sua boa cabeça pensante. A rosticidade⁴ deixou de ser somente a cabeça e encampou o corpo como um todo num novo signo e numa nova subjetividade.

Passemos agora para a questão de "muro branco" e de "buraco negro" em Deleuze e Guattari. O muro branco representa o esquema que produz um signo e o buraco negro, o inconsciente corporal: a subjetividade. Não há relação de signo sem sua subjetividade. Não há exterior sem interior ou vice-versa. No princípio, não vejo meu rosto, vejo o do outro; a primeira relação subjetiva normalmente se dá com a mãe, numa osmose, numa relação entre hemisférios direitos representados por uma expressão de corpo, conforme demonstrou Stern em seu livro *O mundo interpessoal do bebê* (1992), em que mãe e bebê se comunicam um com o outro em ressonância de sensações, formando um sistema particular e complexo entre-dois.

O trabalho de Daniel Stern nas quatro categorias do *self* (Guattari, 1992) lida com vários padrões de harmonia e desarmonia que acontecem na relação entre pais e filhos que nos ajuda a compreender o caráter subjetivo dela. As duas primeiras formas de desarmonia ou não-comunicação são a superestimulação e a subestimulação. Essas formas de desencontro criam padrões de interferência no contato entre os pais e a criança. Formas extremas de subestimulação podem se transformar em privação, e formas extremas de superestimulação podem se transformar em invasão: ambas cortam ou desviam o diálogo, a comunicação e a habilidade da criança de se ajustar ao tipo de contato que apóia um desenvolvimento suficientemente bom em relação às suas necessidades. Stern descreve que até a idade de dois anos quatro camadas hierárquicas do *self* se desenvolvem:

a) *O senso do self emergente* do nascimento até dois meses (eu e o outro).

b) *O senso de self núcleo* de dois, três meses até por volta de sete a nove meses (eu com o outro).

c) *O senso de self subjetivo* de sete, nove meses até 15 meses (sintonia de afeto).

d) *O senso de self verbal* após os 15 meses (interatividade empática).

Guattari acrescenta que cada um dos componentes continua a existir paralelamente aos outros e que a qualquer momento podem surgir na superfície, de acordo com a necessidade. Nesse ponto Stern renuncia a conceitos básicos das fases de desenvolvimento psicanalítico freudiano, passando a considerar uma série de possibilidades de novas formações de desenvolvimento subjetivo, podendo-se dizer do nascimento de *self-escritural*, de um *self-puberdade* etc.[5]

O desenvolvimento do vínculo, intersubjetivo, Stern chama de "companheiro evocado", porque, devido a seu caráter de entidade abstrata, funciona ativamente como "acontecimento" no período considerado. Guattari compara esse tipo de afeto à escuta de uma frase de Debussy ou a uma obra de arte, que são universos de extrema complexidade. A mãe, colocando-se em relação com o bebê e com a sua ação, permite que o *self* da criança aconteça, proporcionando o campo para que o bebê seja um ser existente (Safra, 1999).

A ação que não encontra a mãe desenvolve padrões de desarmonia ao deparar o nada. A ação que encontra o outro em harmonia e sintonia transforma-se em gesto, e este revela que a pulsação do encontro é humanizadora: "o gesto é a poesia do ato"[6].

Essa ação e esse gesto não poderiam ser, como diz Fernand Deligny, linhas motoras ou sonoras que marcam o caminho que germinam "linhas de errância"? (Deleuze e Guattari, *Mil platôs*, vol. 4). Podemos então fazer uma analogia entre os momentos sucessivos que partem da relação entre mãe e bebê e o ritornelo: a criança, num primeiro momento, parte do caos, de seu buraco negro, com um som, um movimento, uma sensação, uma emoção que vem de seu próprio centro. Num segundo momento, chega em casa – um em-casa que não preexistia, foi preciso que ela traçasse um caminho até chegar à mãe –, e componentes da organização de um espaço acolhem as forças do caos que se mantinham no espaço exterior, dando a essas forças germinativas a proteção necessária para a execução de seu desejo. Toda a expressão da criança é importante na seleção do destino de suas forças; qualquer erro de ritmo ou de harmonia poderia ser catastrófico, pois destruiria o criador e a criação; a presença da mãe marca seu território sonoro e físico. A criança saiu de casa. Esse ritornelo se repete em seu movimento expansivo e evolutivo em direção à vida. O ritornelo é um agente territorial que pode receber diferentes funções em seu desdobramento. A formação dos territórios de agenciamentos humanos, que não é verbal nem escrita, é inseparável do espaço e do contato que cria, é um modo de ser.

Conta Gilberto Safra (*A face estética do self*, 1999) que certa vez, visitando um orfanato, entrou em um dormitório de bebês na faixa de um ano de idade. Havia três grupos de crianças. Em um deles as crianças gritavam e agitavam os braços em direção a quem entrasse no quarto. Outro grupo ficava indiferente ao aparecimento de alguém, mas mantinha algum tipo de atividade: balançando-se ritmicamente, ou arrancando e comendo cabelinhos. Num terceiro grupo, as enfermeiras tinham imensa dificuldade para alimentá-los, e se podia perceber a situação dramática dessas crianças, que pareciam prestes a perder o gesto criador da vida do *self*, podendo até vir a morrer, se perdessem a capacidade de se expressar a partir do caos criador. O bebê cria o mundo por meio de seu gesto, ao mesmo tempo que cria a si mesmo. Como afirma Safra, o gesto cria o objeto, mas também cria o braço ou qualquer outra parte do corpo implicada na ação, como, por exemplo, a capacidade de vir a conhecer o outro e o mundo. Em sua movimentação sempre expansiva o *self* se desdobra em gesto, inaugurando o criar, o conhecer, o amar, aspectos que podem ser denominados como o *ethos* do ser.

Esses aspectos são de importância fundamental na clínica de psicoterapia corporal. Por exemplo, uma paciente de extrema sensibilidade, apesar de fisicamente utilizar os braços e as pernas, tinha imensa dificuldade em senti-los nas relações afetivas, era como se fizessem um trabalho maquinal obedecendo às mensagens enviadas pelo cérebro. Até que um dia ficou grávida e as reações internas do próprio corpo lhe pareciam completamente estranhas, o que a tornou muito dependente de todas as vozes a seu redor, principalmente a dos médicos. Numa consulta, ao se ver encurralada emocionalmente, gritou para todos, dizendo saber exatamente o que estava fazendo, que seu bebê estava e nasceria bem, o que de fato ocorreu. O grito veio do caos interno, da força germinativa de vida que marcou um território, uma ética.

Na sessão terapêutica tivemos a oportunidade de analisar e rever a situação, o que nos levou a explorar as informações sobre seu próprio nascimento. A paciente relata os comentários de sua mãe e de outros familiares de que quando ainda estava no útero materno a mãe não tinha tido, em nenhum momento, a certeza de poder ter a filha, temendo o trabalho que futuramente este(a) novo(a) filho(a) lhe daria. Essa tensão acompanhou toda a gravidez e o parto. A paciente, em uma sessão na qual explorávamos seu nascimento corporalmente, "vem ao mundo" espontaneamente, com as mãos presas uma à outra e as pernas em um movimento mecânico insensível. Ela parece já nascer praticamente preparada para não se movimentar, para não dar trabalho à mãe e assim adaptar seu gesto ao que o mundo lhe oferece. Braços e pernas se desenvolveram longos e finos, enquanto o tórax era grande e forte. Os gens vêm ao mundo com a expectativa de um lugar que os acolha. Se esse lugar não está em sintonia, em harmonia, então pode ser a primeira traumatização[7]. O interessante é que, nessas situações, não basta perceber que determinadas partes de seu corpo são estranhas, insensíveis ou não lhe pertencem, mas é necessário que numa vivência de transferência e ressonância, seja com o terapeuta seja com elementos do grupo terapêutico, o paciente, em um novo gesto reparador, se aproprie daquelas regiões do corpo como parte de seu *self*, estabelecendo um novo ritornelo.

Comunicar significa fazer contatos, trocar substâncias. Nós podemos tocar as pessoas com nossas palavras. Também podemos comunicar corpo a corpo. A comunicação não é um frio processo intelectual; ao contrário, é a única maneira de compartilhar sentimentos emocionais mais ricos, os quais são informações sobre nós mesmos. Quando somos sacudidos por sentimentos, nosso corpo se move espontaneamente. Capitular em relação aos sentimentos significa capitular em relação ao movimento corporal que expressa o sentimento. Wilhelm Reich descreveu três direções para os movimentos corporais: para longe das pessoas, quando sentimos medo e ameaça; contra as pessoas, quando sentimos raiva ou ódio; e para perto das pessoas, quando sentimos prazer e amor. O contato feito com o corpo de outra pessoa é governado por tabus escrupulosos, que controlam com quais pessoas o contato corporal é permitido e quais partes do corpo é seguro tocar ou não. Geralmente existe tanto tabu com relação ao toque em nossa cultura que as pessoas se encontram famintas por tocar. A tendência natural de explorar o ambiente flui junto com o desejo de explorar o corpo de alguém ou os corpos de outras pessoas.

Forças internas intensas podem se localizar em qualquer parte do mundo interno e tendem a estar sempre pressionando para a superfície (pele) e o exterior. O mundo científico serve de base para justificar e conhecer mais detalhes acerca de como elas funcionam e de que forma podemos atuar sobre elas.

David Boadella, o criador da psicoterapia somática denominada Biossíntese, define a psicoterapia como uma dança. A forma externa da pessoa reflete sua disposição interna. Segundo ele, algumas terapias somáticas, como o Rolfing, tentam mudar o corpo, esticando-o em um novo formato. O terapeuta trabalha a partir de fora, reesculpindo a anatomia em linha com sua visão de corpo ideal, alinhado com a gravidade, em um estado de desbalanceamento mínimo. Ginástica e modelação dos músculos oferecem séries de exercícios pelos quais a pessoa pode procurar forçar seu corpo para atingir uma aparência que expresse melhor a forma que almeja ter. No balé clássico o dançarino pode aprender a estressar seu corpo em posições exigidas pelo coreógrafo: seu fluxo de movimento é restrito aos requeridos pelo roteiro da dança. Alguns padrões de trabalho ou esporte deformam o corpo se repetidos por um longo período de tempo, como o cotovelo congelado do tenista, a cãibra nos dedos de um escritor ou a figura curvada de um fazendeiro de arroz. Forma-se então uma anatomia emocional em resposta aos diferentes insultos à forma, ou aos roteiros de formação do caráter: "Mantenha-se ereto, seja homem, dê o melhor de si; não chore"; "Não adianta, desista";

"Desamparo traz simpatia; se você se mostrar fraco e de joelhos, ninguém irá derrubá-lo".

Em contraste com esses movimentos e posturas dirigidos pelo mundo exterior, existe uma relação um tanto diferente a ser formada quando o movimento flui a partir do desejo interno. Esses movimentos estão associados a espontaneidade, brincadeira, improvisação, criatividade, dança não coreografada ou à graciosidade do esportista ou atleta que esteja em perfeita sintonia tanto com seu corpo quanto com o desafio externo. De acordo com Deleuze, desejo é a vontade de potência e agenciamentos. Quando o desejo é estimulado, sempre está à procura de contato e isso nos leva a questões da relação entre o objetivo e o subjetivo dessas ações. A questão a ser desenvolvida aqui será: como essa forma de movimento acontece no organismo? Como é a relação entre o voluntário e o involuntário com suas interferências?

O processo não-verbal nos levará ao estudo de signos e símbolos, que servem de mediadores entre consciente e inconsciente e, nos primeiros anos de vida, de formadores da consciência acompanhados de suas sintonias de afeto. Nesta perspectiva, a idéia de organismo, corpo e afetos parte do pressuposto de que estamos num fluxo inestancável de informações organizadas e desorganizadas transmitidas em diferentes níveis de comunicação, influenciando o meio ambiente de forma coerente ou incoerente. Este processo nos levará a experimentar a possibilidade de conexão entre organismo e palavra, tantas vezes dissociados, distorcendo nossa capacidade mais eficiente de comunicação[8].

Podemos então pensar na dança como um sistema de comunicação que traz em si um conteúdo, que define e é anterior ao gesto, estabelecendo espaços e possibilidades, cabendo a nós estar atentos, para conseguir entrar em contato, nos conscientizar e lidar com as possibilidades de transformação.

Deleuze e Guattari (*Mil platôs*, vol. 4), no capítulo sobre meios e ritmos, trazem o assunto da formação do mundo ou do Universo, no qual definem que o caos, este imenso buraco negro em que nos esforçamos para descobrir um ponto central, não deixa de ter componentes direcionais, um canal ou cadeia de canais ligando a fonte ao destinatário (ou emissor ao receptor) na transmissão de uma mensagem que se situa entre dois seres ou objetos como um caminho. Os meios deslizam uns em relação aos outros. Cada meio com sua vibração determinada pela repetição daquilo que o constitui, transferindo códigos e materiais mutáveis que se transformam uns sobre os outros. Um meio é sempre um todo e uma parte em constante comunicação; e, se os meios estão sempre abertos ao caos, estão sempre sujeitos à invasão ou à privação. Dizem os autores:

> [...] que o revide dos meios ao caos é o ritmo, e o que há de comum ao caos e ao ritmo é o entre-dois, entre dois meios, ritmo caos ou caosmo [...] É nesse entre-dois que o caos torna-se ritmo, não necessariamente, mas tem uma chance de tornar-se ritmo [...] Há ritmo desde que haja passagem transcodificada de um para outro meio, comunicação de meios, coordenação de espaços-tempos heterogêneos [...] É que a ação se faz num meio, enquanto que o ritmo se coloca entre dois meios, ou entre dois entre-meios, como entre duas águas, entre duas horas, entre lobo e cão, *twilight* ou *zwielicht*, heceidade. Mudar de meio reproduzindo com energia, é o ritmo.

O ritmo é por si a comunicação entre-dois, que pode ser ressonante ou plena de interferências. Sempre em transcodificação, desigual ou incomensurável, o ritmo opera em cadeia, se liga na passagem de um para outro, põe em contato ou afasta duas ações e não funciona de forma racional, como vimos, por exemplo, no desenvolvimento do *self* em Daniel Stern, ao afirmar que na relação espontânea mãe-bebê não há racionalidade, mas sim intencionalidade[9], intuição, ressonância. O filósofo Plotinus, no século III, criou um conceito interessante sobre percepção, que mais tarde foi seguido por Bergson: a idéia de contemplação não tem a ver somente com o significado de admiração ou contemplação passiva, mas contemplar seria também contrastar, absorver, o que nos conduz à idéia de atividade, absorção ou contração de elementos nos níveis físico, orgânico, perceptivo, sensitivo ou intelectual. Os vegetais contemplam a luz, precisam contraí-la para ter fotossíntese, e o mesmo se aplica aos humanos. Assim, aprendemos a respeito da contemplação repetitiva que temos no meio ambiente.

Deleuze diz: *"A repetição para alguém que contempla é uma transformação na pessoa que contempla"*.

Plotino diria que: *"Felicidade é o encontro com alguma coisa que você contempla e absorve"*[10].

Espinosa diz: *"Se a natureza do corpo de uma outra pessoa é como a natureza de nosso próprio corpo, então nossas idéias sobre o corpo do outro, como nós o imaginamos, vai envolver um afeto de nosso corpo com um afeto do outro corpo. Conseqüentemente, se nós sentimos alguém como nós ser afetado por algum afeto, esta imaginação vai expressar um afeto em nosso próprio corpo, como o do outro. Afetos provocam efeitos"*[11].

Em termos físicos, ressonância seria a transferência de energia de um sistema oscilatório para outro, quando a freqüência do primeiro é coincidente com uma das freqüências do outro, como se fosse uma identificação temporária. Em física nuclear uma partícula elementar com muito pouca vida aparentemente é um sistema de transição que se forma em interações com outras partículas. A oscilação é sentida no sistema como uma vibração energética com diferentes intensidades.

Em psicoterapia corporal Biossíntese ressonância somática é alguma coisa que sentimos no próprio corpo, e a intensidade e significância dependerão da capacidade dos dois de processar o que recebem. Intensidade e valores estarão então conectados com diferentes estágios de desenvolvimento dos pacientes (válido também para o terapeuta), neste caso, na intersubjetividade das relações objetais.

O movimento do corpo de uma criança se expande por meio de modulações que marcam desenvolvimento e aprendizado. A qualidade do encontro dependerá de gestos: de ternura, de raiva, de acolhimento. Há uma espécie de dança entre uma criança e o mundo, a qual, além de movimentar-se e criar, se expressa subjetivamente. As pessoas que não tiveram oportunidade de experimentar essa dança podem se transformar naquilo que chamamos de personalidade robótica, sem ritmo ou melodia. Cito aqui um rápido texto de Isadora Duncan reproduzido no livro de Gilberto Safra (1999, pp. 29 e 41):

> [...] a minha vontade é devolver-lhes os movimentos naturais. Vemos em animais, plantas, ondas e ventos a beleza desses movimentos. Todas as coisas da natureza têm formas de movimento correspondentes ao ser mais íntimo. O homem primitivo ainda tem esses movimentos, e começando desse ponto temos de tentar criar belos movimentos significativos da cultura humana – movimentos que sem rejeitar as leis da gravidade se ponham em harmonia com o movimento do universo.
> Essa idéia me segue o tempo todo, e vejo as ondas erguendo-se em todas as coisas. Sentada aqui olhando pelas árvores também elas me parecem ser um padrão que acompanha linhas de ondas. Podemos pensar nelas de outro ponto de vista, de que toda energia se expressa através desses movimentos ondulatórios, pois o som não viaja em ondas e a luz também? E quando chega os movimentos livres e naturais se conformam à lei do movimento em onda. O vôo do pássaro, por exemplo, ou o salto dos animais. É a alternativa da atração e resistência da lei da gravidade que cria esse movimento em onda.

A compreensão do movimento se dá pela contenção e distensão que nos coloca em relação o tempo todo na vida. Os estudos de George Downing no Hospital Salpetriere sobre esquemas afeto-motores (o que em Biossíntese chamamos de campos motores) têm muito a nos ensinar a respeito desses significantes padrões não-verbais de comunicação.

Conforme já vimos, ressonância é uma espécie de comunicação não-verbal com diferentes nomes:

1. Para Wilhelm Reich: identificação vegetativa.
2. Para Jay Stattman: transferência orgânica.
3. Para Stanley Keleman: ressonância somática.
4. Para Kernberg: unidade primitiva de relações objetais.

Cada ser tem a sua vibração, que o caracteriza e cria um código, que se transforma então num meio. Esse código é definido por uma repetição vibratória. Ao mesmo tempo cada código está em contínua possibilidade de passar de um para outro ou de misturar-se. Assim se forma a dança, o ritmo entre dois meios. Desse ritmo, dessa dança nasce o território, no momento em que os meios e ritmos perdem seu direcionamento e passam a dimensionar o espaço. De cada um dos dois nascem qualidades de expressão que definirão o território. Como, por exemplo, na questão de como o bebê desenvolve a capacidade de entender o outro. Seria por meio do rosto, do som ou do toque do outro? As crianças têm uma parte da rotina que é fixa, num jogo de relacionamento, numa protoconversação que desenvolve a intersubjetividade. De acordo com o desenvolvimento, o significado das pessoas para o bebê vai mudando, bem como os códigos, os meios e os ritmos. Novos territórios vão se estabelecendo, e a intersubjetividade se estabelece pela harmonia. *O território é o produto de uma territorialização de meios e ritmos.*

O território vai marcando primeiramente a distância. Como diz Deleuze, o território não possui senão distâncias. É marcado por corpos, sons e toques, formando assim seu *ethos*. O bebê pouco a pouco vai mostrando suas qualidades, a *hecceidade*[12] vai aparecendo, ele vai ganhando um nome, um jeito de ser, um *biós*[13] que marca sua maneira própria de viver. Os territórios podem ser marcados e existir entre-dois em diversos níveis. Quem não consegue construir territórios pode ter uma vida psicótica, sem noção de limites e do espaço do outro.

C. B. Bakker, em seu livro *No trespassing! Explorations in human territoriality*[14], define diferentes territórios como potenciais que podem ser reducionistas em relação ao território deleuziano, mas podem nos ajudar a compreender, como exponho abaixo:

1. Território Espacial: Qual é meu espaço pessoal? Onde me sinto seguro? Que sentimentos tenho ao me considerar invadido?

2. Território Corporal: Onde é o limite de meu corpo? Quais contatos são seguros, quais são inseguros? Que sentimentos nascem em mim quando alguém se aproxima, como se assim eu desejasse? Como ajo? O que minha cultura diz em relação a isso?

3. Território Temporal: Tenho tempo? Tenho tempo livre? Como uso meu tempo cronológico em relação ao tempo interno de que necessito? Trabalhar para alguém significa ter tempo livre?

4. Território Privado: Como é meu espaço de pensamentos? Posso ter pensamentos próprios? Tenho direito a ter meus segredos? Tenho direito a opinião própria?

5. Território de Ação – Espaço de Competência: Sinto-me bem com o que faço? Tenho espaço para agir, para me expandir, para entrar na dança?

6. Co-Territórios: Como divido meu espaço com outros, ao morar junto, dormir junto, trabalhar junto, dividir segredos, por exemplo?

Meios e ritmos provocam afetos, um afeto é "alguma coisa" que flui de um a outro. Esta alguma coisa só pode ser definida como uma sensação. É uma zona de indeterminação, de não-discernimento, é um momento que precede a diferenciação natural. O bom terapeuta, de antemão, é aquele que cria afetos não conhecidos ou desconhecidos, e faz com que eles venham à luz, como o devir do "não-pensado conhecido", ou como Christopher Bollas (1997) escreveu: "Devido a um recipiente acumulativo, por exemplo, das várias identificações projetivas do analisando, significando que eu sei 'alguma coisa' sobre o paciente, sem que isso tenha sido suficientemente processado mentalmente através de minhas próprias cognições internas, reflexões e eventuais interpretações". Alguns pacientes criam "pontos" ou "pontes" de identificação somática, capacitando o terapeuta a estabelecer-se nessa situação por um período de tempo, enquanto outros pacientes mantêm uma distância afetiva rigorosa, que empobrece a relação terapêutica e a capacidade do terapeuta de estar e sentir.

Assim, tornar visíveis as forças captadas em alguém nos limites e além dos limites da representação é legitimar e abrir a possibilidade de significação. A arte do trabalho terapêutico talvez transborde qualquer significação, podendo-se dizer que a "cura" se dá além da consciência. Quando se consegue enxergar através do abismo que se abre na pedra, num trabalho de expansão e não de redução. Essas forças invisíveis no corpo são sempre potências no futuro. Quando atualizadas ou tornadas visíveis, correm o risco de permanecer congeladas na superfície material do corpo ou nesta mesma superfície permanecer histericamente como uma pintura, mas não podem permanecer como uma música, um movimento. A condição da sensação, condição da diferença, está em impor movimento, e quem impõe é a figura, que coloca as forças no sensível e jamais se repete. A figura passa a ser uma das formas de exprimir-se, que vem da imaginação e dos afetos, emprestando ao pensamento mais energia, mais vivacidade e/ou conferindo à frase mais beleza e graça.

Como afirma Silvio Ferraz em suas aulas, "Como Deleuze distingue a pintura da música, se a pintura é uma repetição, um clichê?" Isto é, a diferença se afunila e se transforma numa representação, num muro branco superficial e interpretativo. Então, como ficariam a música, a vibração e a dança que ela provoca? A música de que se fala aqui não é só a música que se ouve, mas também a música que se sente, esta que na relação entre o fora e o dentro provoca sensações. Sensações que podem ou não estar presentificadas. A música não presentificada é a do passado, perdida no mundo invisível, mas que pode ser presentificada a qualquer momento. A música pode ficar no passado se estiver presa numa pintura visível ou invisível, fixa na imagem mimética.[15]

Como afirma Ferraz, a força do espaço é grande, os atrativos estão sempre por aí e a qualquer momento podem provocar uma vibração ressonante, podendo tornar a pintura, a imagem do passado, uma representação visível na superfície, pintura esta que pode se estagnar nesta superfície. Se, porém, a contracena, a contraforma, a contravibração, a contradança ajudarem, a música que permeia a relação estará sempre indo em direção ao futuro. A música ajuda no reencontro de memórias passadas perdidas no cone de Bergson, perdidas no tempo. Levantar a memória que atua inconscientemente ou sem consciência sobre o presente paralisando-o ou dando só uma possibilidade de ação, reprimindo toda e qualquer possibilidade de diferença, é procurar atualizar-se e daí partir para o futuro diferente. Deleuze diz que "a música começa onde a pintura pára". Essa declaração está no fato de a música libertar o corpo de sua inércia, de pôr o corpo em movimento sempre para a frente, encarnando o corpo em um devir-presente e desencarnando o corpo em um devir-imperceptível. Pode haver um devir-criança, um devir-mulher, um devir-homem, um devir-outro.

Não é qualquer coisa ou qualquer pessoa que pode contracenar com a vibração, não é qualquer pessoa que a ouve ou sente, às vezes é preciso todo um treinamento para que se reconheça ou dê espaço para um tema desconhecido. A pintura, a aparência, a representação está sempre ali, defendendo e tentando atrapalhar uma visão mais profunda da vibração. "Quando compreendo tal expressão facial, é porque o meu rosto desposa e se plasma ao que a anima." (Gil, p. 181)

Um elemento importante deste desconhecido é o conhecimento somático. Em nosso trabalho experienciamos pacientes em nosso soma. No senso mais óbvio, alguns pacientes nos capacitam a sentir somática, pausada e receptivamente, enquanto outros nos enviam tensões corporais complexas, que nos endurecem e a que damos muito pouca atenção. Nós registramos somaticamente a sensação da pessoa, carregamos esse efeito em nosso corpo, e isto constitui uma forma de conhecimento somático, que novamente não é pensado (Christopher Bollas).

O prefácio do livro *Isto és tu*, de Joseph Campbell[16], escrito por Eugene Kennedy, afirma que Campbell gosta de fazer uma pergunta que Schopenhauer fazia em seu ensaio "Sobre o fundamento da moral"[17]:

> Como é possível que o sofrimento que nem é meu e nem me interessa me afete de imediato como se fosse meu e com força tal a impelir-me para a ação? [...] Isto é algo realmente misterioso, algo para o que a razão não pode dar nenhuma explicação e para o que não é possível encontrar base alguma na experiência prática [...] Diante de nossos olhos surgem exemplos todos os

dias de reações instantâneas do gênero, sem reflexão, uma pessoa ajuda outra, vindo em sua ajuda, até mesmo pondo em perigo sua própria vida por alguém que viu pela primeira vez...

Para o filósofo alemão a identificação com alguém que não é ele mesmo faz com que o outro seja percebido como uma pessoa "na qual eu sofro, a despeito do fato de sua pele não envolver meus nervos"[18]. O livro *Sobre o fundamento da moral* foi escrito em 1895-98, época em que os conhecimentos da neurologia não se aproximavam dos atuais. Podemos também observar a proximidade desta reflexão com a reflexão de Espinosa sobre ressonância e conseqüentemente com a de Bollas sobre o conhecido não pensado.

CAPÍTULO 3

GROUNDING, FACING, CENTERING

Neste capítulo desenvolverei três conceitos que chamarei de: "sujeito motor", "sujeito emocional" e "sujeito da percepção", vinculados respectivamente aos conceitos de *grounding*, *centering* e *facing*. Os dois primeiros estabelecem um tipo de ressonância sensorial não visível ao olho humano. **Grounding**, ou "sujeito motor", é relativo à organização somática do corpo nas direções vertical e horizontal. **Centering**, ou "sujeito emocional", refere-se à comunicação ressonante visceral na relação entre mãe e bebê, que é diretamente ligada ao sistema nervoso autônomo ou inconsciente corporal nas vísceras. **Facing**, ou "sujeito da percepção", está ligado à nossa capacidade de coletar e transmitir informações na zona limítrofe do corpo por meio do sistema nervoso central. Neste capítulo também dedicarei uma parte ao desenvolvimento de "embriologia, comunicação e ressonância".

Antes de chegar aos conceitos propostos seria interessante e importante notar como José Gil apresenta ou define o "interior" do corpo como da ordem da subjetividade ligada a emoções, sensações e afetos que se traduzem em gestos, movimentos, sons e expressões faciais em direção ao exterior[1]. O corpo percebido é imediatamente expressivo, provocando devires. A primeira forma de comunicação não-verbal entre corpos acontece entre essas percepções nos níveis motor, sensorial e emocional.

Gil define ainda o espaço interior do corpo como de conteúdos intersubjetivos que se conectam com o da pele. Gerda Boyesen chama esta zona de "terra de ninguém" ou "entre psiquê e soma", nome que deu a seu livro de psicologia biodinâmica, referindo-se ao fluxo de movimento existente no interior do corpo de conteúdos intersubjetivos. A pele é definida como o meio-suporte de agenciamento interior-exterior; neste sentido, o percepcionar[2] de Gil refere-se aos investimentos de forças e afetos, não sendo possível separar sujeito e objeto: *o sujeito está implicado na percepção, assim como o observador faz parte da observação*. A intersubjetividade, como muito apropriadamente diz Gil, encontra-se entre dois ou mais *nexos psicofísicos* em que as instâncias individuais são "psiquê-somas"[3]. O sujeito estabelece-se como a maneira de "estar-no-meu-corpo" e é pré-individual. Desta forma, a percepção do corpo humano tem uma carga afetiva que transfere e entra em relação de transferência muitas vezes de forma não consciente em ressonância com o meio ambiente.

O espaço interno do corpo define um inconsciente e um não consciente do corpo. Esse inconsciente e/ou não consciente é resultado desta inscrição de conteúdos psíquicos que não encontram expressão verbal, mas também traduzem algo que não é vivido além da consciência.

A psicoterapia corporal procura estabelecer um nexo entre corpo e espírito que de fato não se encontra em outras linhas "psi" ou na medicina. Procura-se aqui encontrar um corpo *real* habitado. Deleuze e Guattari lidam então com esse corpo como o local de investimento do desejo e emissor de pulsões desejantes que ultrapassa o corpo anatômico da medicina e o corpo-fantasma da psicanálise.

Isto posto, ainda segundo Gil, "*o inconsciente do corpo aponta para a necessidade de constituir uma somatologia*", ou uma ciência de um corpo vivo e habitado que pesquisarei a seguir, por meio de alguns conceitos da Psicoterapia Somática Biossíntese.

Grounding, centering e *facing* são três conceitos em Psicoterapia Somática Biossíntese relativos à comunicação e ressonância entre pessoas ou entre pessoa e natureza. Conforme a relação com as fases do desenvolvimento humano, gerarão determinadas características que afetarão os estilos de caráter e, conseqüentemente, de comunicação. Biossíntese é uma forma de psicoterapia somática profunda que inclui aspectos de psicologia pré e perinatal, psicoterapia corporal e transpessoal, e foi desenvolvida nos últimos quarenta anos por David Boadella. A palavra "biossíntese" integra outras duas: *bios*, que significa vida; e *síntese,* como uma reunião de elementos concretos e/ou abstratos em um todo na vida. Portanto, ela guarda uma perspectiva multidimensional da pessoa, incorporando diferentes campos de experiências e expressões. Esses campos se manifestam de duas diferentes formas: um sistema fechado ou um sistema aberto na pessoa. Sistemas fechados causam problemas de caráter, inibições físicas e contrações em qualidade de vida espiritual. Sistemas abertos refletem contato psíquico, vitalidade energética e uma conexão com as qualidades do coração.

Antes de prosseguirmos nossa leitura, será importante esclarecer melhor parte da teoria da Biossíntese, a partir dos gráficos de "linhas da vida" e do "modelo estrutural" de Boadella.

Os campos da vida, apresentados no diagrama a seguir, nos levam a sete áreas básicas de trabalho de comunicação terapêutica e diferentes tipos de funções na comunicação:

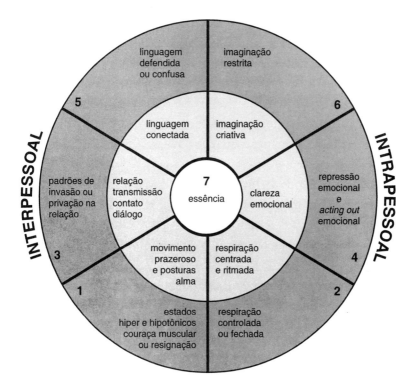

Boadella[4], em cada um dos seis segmentos externos do diagrama, descreve um campo da vida. A posição fechada é a parte de fora do círculo, e a aberta a do círculo do meio, próximo ao que representa a "essência" do indivíduo. A arte da Biossíntese está em passar pelas inibições mais acessíveis da superfície externa, chegando ao círculo interno onde se encontra um fluxo maior entre os segmentos próximos ao centro, resultando em sete áreas diferentes de trabalho:

1. Trabalho afeto-motor com tônus muscular e movimento.
2. Trabalho energético com ritmos internos e externos de respiração.
3. Trabalho sistêmico de comportamento nas relações.

4. Trabalho psicoenergético em segurar e relaxar emoções.
5. Trabalho psicodinâmico com a fala em benefício de problemas de comunicação.
6. Trabalho transformador em idéias e imagens restritivas que limitam nossa visão.
7. Desenvolvimento transpessoal no centro do diagrama com meditação somática vinculada à "voz" do coração.

Sendo polaridade um conceito central em Biossíntese, o que é bom para uma pessoa pode causar danos a outra; o movimento oscilatório dos meios deverá formar ritmos de comunicação que podem ser observados da seguinte forma:

a) trabalho interno × trabalho externo (experiência e expressão);
b) elevação ou queda de níveis energéticos (de pé ou deitado, leveza ou peso);
c) interação de comunicação verbal e não-verbal.

David Boadella também desenvolveu, sob o ponto de vista embriológico da organização corporal, numa série de artigos sobre Sistemas orgânicos e estilos de vida, o conhecimento de que os processos de encouraçamento ou desvios de comunicação podem levar a uma *falta de balanço* ou a um *excesso de balanço* em diferentes sistemas orgânicos. Por balanço entenda-se uma oscilação polarizada entre extremos. Por exemplo, pessoas com distúrbios bipolares de mania e depressão apresentam uma falta de balanço e um conseqüente apego ou à mania ou à depressão. Notamos *excesso de balanço* em pessoas com níveis altos de ansiedade. Podemos pensar de um lado em pessoas com extrema rigidez corporal e muscular, com perda de flexibilidade; e, de outro, pessoas com características extremas de flacidez, e também conseqüente perda de flexibilidade.

Embriologicamente, podemos pensar em estilos de existência psicossomática: mesodérmica, endodérmica ou ectodérmica, que são as camadas iniciais que formam o embrião humano, conforme explicado detalhadamente mais abaixo. Ou, simplesmente, podemos falar em experiência visceral, experiência cerebral ou experiência de coluna vertebral, de acordo com o modo como as pessoas estejam mais confortáveis: sensações internas do corpo, idéias e imagens ou atividade motora por meio da coluna e dos membros. Esse conhecimento permitirá, em primeira instância, fazer diagnósticos por meio da leitura corporal e de seus significados históricos. Em segunda instância, desenvolvemos pelo menos três portas de entrada ao inconsciente e não somente a palavra associada, como na psicanálise, funcionalizando os conceitos: a experiência visceral ou do tubo gastrintestinal e pulmões, formada a partir do endoderma, nos leva às funções de respiração e emoção que são as mais internalizadas e centrais das atividades do organismo. São esses sistemas de órgãos que geram a energia de manutenção da vida. Para que uma pessoa possa se manter **centrada ou em estado de centramento** é necessário que ela se conscientize de sua respiração e dos movimentos peristálticos viscerais, que são as funções e estruturas responsáveis pelos profundos processos energéticos do corpo e seus sistemas metabólicos. O terapeuta terá então a oportunidade de, mediante intervenções na respiração ou diretamente com toques na área do abdome, estimular a regulação emocional ou conectá-la com outras possibilidades de comunicação, como o movimento ou a cognição.

Os sistemas cardiovascular e esqueletomuscular são derivados da camada mesodérmica, que por sua vez é responsável pelos níveis de pressão dos fluidos no organismo, pelo grau de tensão ou relaxamento muscular e pela ação rítmica do coração bombeando sangue de acordo com a necessidade do corpo. O trabalho em que se exerce influência sobre a musculatura para melhorar o tônus e a movimentação na sua relação com o chão é um processo chamado *"grounding"*, ou **estado de equilíbrio**, que atua sobre as funções e estruturas relacionadas ao comportamento, ao movimento e à expressão motora. O terapeuta poderá acessar o inconsciente ou o não consciente mediante movimento, toques na própria musculatura, a qual desenvolve características hiper ou hipotônicas, significando muita ou pouca quantidade de carga energética, além de carregar a história e a qualidade de campos motores criados pela postura somática em relação a situações do passado.

A pele, os órgãos sensoriais e todo o sistema nervoso centrado no cérebro governam o sistema perceptivo, o fluxo de informação que entra e sai do corpo. O sensorial é a base da percepção, pois sem a sensação não percebemos. O encorajamento da conscientização sensorial, do contato de olhos e das formas de nos encontrarmos uns com os outros se desenvolve na face anterior ao corpo e se chama *"facing"*, ou **estado de percepção**, que atua sobre as funções e estruturas ocupadas com a percepção do mundo e com o processamento de informações. Nesta função o terapeuta poderá trabalhar no nível da pele, que pode se desenvolver de modo hiper ou hipossensível ao toque, por exemplo, com as somatizações de pele, ou poderá trabalhar com imagens no nível sensorial e suas influências sobre postura, formação de pensamento e qualidade de coleta e comunicação de informações, tanto na relação terapêutica de transferência como no cotidiano.

Essas três grandes divisões – vegetativa, sensorial e motora – estão relacionadas com a comunicação, como podemos avaliar na experiência terapêutica em Biossíntese, em que há a vantagem de conhecer e explorar as possibilidades de construir vínculos, mantê-los e desenvolvê-los, seja individualmente seja em grupo, e não se tornar um prisioneiro da comunicação verbal e interpretativa, como ocorre na psicanálise.

Um breve histórico da formação embriológica se faz necessário neste momento, a fim de situar essa formação e suas conexões com conceitos psicanalíticos. O ectoderma e o endoderma se formam nos dois lados do disco embrionário. O ectoderma começa a se desenvolver antes, com a duplicação da parte traseira do embrião, a qual forma o início do canal neural. Os sistemas ectodérmicos serão, então, os mais primitivos na ordem de importância durante o desenvolvimento. Os tecidos do mesoderma são os últimos a se formar. Na vida intra-uterina o sistema formado a partir do endoderma permanece adormecido, porque o feto é nutrido pelo cordão umbilical; ele não se alimenta nem respira. Assim, vemos que o sistema nervoso e a musculatura se formam e entram em atividade antes das vísceras.

Vale, neste momento, levantar uma questão importante, normalmente não formulada pelos psicoterapeutas corporais. A embriologia por si só, a meu ver, não tem utilidade para nós num processo terapêutico, a não ser que esteja acoplada ao processo de desenvolvimento subjetivo. Ou seja, só passa a ter significância em conjunto com esse processo. É com base nessa concepção que utilizo a expressão "fluxo das almas". A alma tem sempre o sentido de vida, energia vital, sopro vital. Quando menciono poeticamente o "fluxo das almas", não me refiro somente a almas etéreas que fluem, mas sim à vida que corre dentro e junto com cada organismo. É esse fluxo que podemos visualizar e imaginar nos desenhos representativos a seguir.

O "fluxo da almas" se dá pelo contágio, pelo contato e pela multiplicação das forças. As figuras abaixo representam aspectos orgânicos: primeiro, um espermatozóide vencendo sua corrida e penetrando pelas paredes do útero; em seguida, o desenvolvimento do feto, com o coração, em branco, já funcionando; finalmente, a pele já começando a cobrir o feto.

Esta seqüência pode ser vista como uma metáfora, uma imagem simples e real que representa a vida, a partir da qual podemos criar fantasias, sonhos, reflexões e esperanças. Ainda assim, uma metáfora. Mas consideremos que nessa passagem do espermatozóide pelas paredes do útero existe um contágio, e que ele apresenta simultaneamente um aspecto orgânico e um aspecto subjetivo, gerando uma multiplicação das forças de dois seres que se uniram. Então, a imagem deixa de ser somente uma metáfora e passa a ser um fluxo de almas, um fluxo de vidas inseparáveis uma da outra, desde o princípio. Neste momento validamos o processo de desenvolvimento do embrião e suas camadas embriológicas como uma força conjunta embrião/alma, indissolúvel, real e metafórica. Vejamos os desenhos e nos deixemos imaginar:

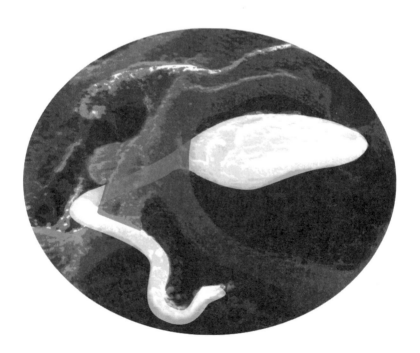

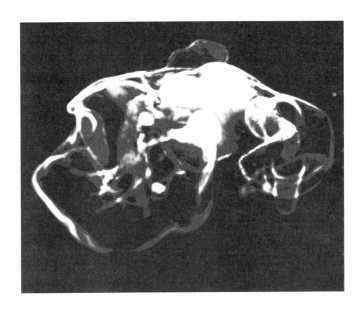

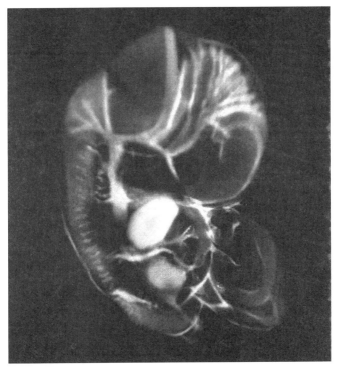

Assim, podemos fazer o diagrama com três sistemas de órgãos e seus princípios terapêuticos como modalidades do *self*:

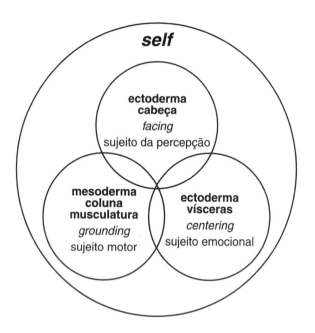

Grounding significa relacionar-se com o "chão", fixo e imóvel, ou, na vida intra-uterina, com o líquido amniótico a princípio e depois com as paredes suaves do útero ou, após o nascimento, com diferentes "chãos", como o corpo e os braços da mãe, o olhar e os olhos da mãe, o cheiro, o calor ou o frio que podemos sentir. O chão normalmente é concebido como algo físico, como o planeta, que exerce uma força gravitacional sobre nós, que nos força a aplicar forças antigravitacionais para que possamos nos mover. O corpo de um amante também pode ser o *grounding* do outro, no ato de fazer amor. Este movimento ou dança em relação à força da gravidade nos ajuda a entender o *grounding*, mas, como o chão pode se diversificar, nosso centro de gravidade também se multiplica. Por centro de gravidade entendemos o lugar onde a ação se realiza. Além do chão físico, também temos "chãos psíquicos" que exercem força gravitacional; os jogos de identificação e desidentificação com pensamentos, relações e emoções, todos são amostras de *grounding*. À medida que nos desenvolvemos, aprendemos a nos comunicar com o "chão sem chão" de nossa existência, o vazio. Assim, temos múltiplos chãos, múltiplas realidades com as quais nos relacionamos, mas como denominador comum *grounding* descreve nossa forma de acessar e construir realidades, verdades, crenças, estratégias de gerenciamento da vida e níveis apropriados de asserção e de território externo, desterritorializando-se de si mesmo em direção ao outro.

Centering significa relacionar-se com nosso centro, centramento. O centro físico é nosso núcleo biológico e os processamentos metabólicos da nutrição que nos fornecem energia. Assim, remete-se a nossas sensações, sentimentos e emoções em direção a forças exteriores, permitindo-nos estar sempre prontos para agir: abrimo-nos e assimilamos o contato ou nos fechamos por proteção. Novamente esta linguagem biológica serve para que compreendamos *centering* no nível social e psíquico, lidando com valores e identidades pessoais, isto é, com a oportunidade de pesquisar a si mesmo no nível social e psíquico. *Centering* é importante para pessoas com dificuldades de relacionamento intra ou interpessoal. A respiração, por exemplo, é sempre uma forma de relacionamento entre o exterior e o interior. Aquele que respira pouco pode ter também pouca desenvoltura para comunicar-se, enquanto aquele que respira em excesso pode estar sempre se comunicando ansiosamente. Como todas as formas de *centering* implicam um afeto que comunica sinais de intencionalidade para a nossa orientação, para os agenciamentos, o *centering* está em contato com nosso mundo subjetivo, com nossas verdades e crenças, com o "chão" de nossa ética. Desterritorializa-se do outro e se territorializa em si mesmo.

Já o conceito de *facing* é relativo à experiência de contato. A face, o rosto, a rosticidade[5], mostra, por extensão simbólica, o mundo interior e percebe o mundo exterior, além de revelar o mundo interior simultaneamente. A face é de fato a zona limiar entre o *self* e o mundo. Podemos olhar e sentir o que percebemos e experienciamos externa e internamente? A face passa a ser comunicador e espelho, *facing* seria então nossa habilidade para estar onde e como estamos. Precisamos de uma face para sermos humanos; perder a face seria a desumanização. *Facing* nos remete à existência, ao outro em mim e a mim no outro. Assim, *facing* está relacionado ao contato e aos caminhos que estamos traçando, facilitando a existência de linhas de fuga. *Facing* tem a ver com a capacidade de estar em contato com os territórios interno e externo.

Essas três modalidades de comunicação – percepção, emoção e movimento – em princípio se encontram em certo balanceamento dinâmico na pessoa, mas estão constantemente expostas às forças e atrativos externos, que os colocam em desequilíbrio homeostático, podendo desencadear patologias prejudiciais à comunicação. Podemos descrever algumas formas de oscilação que levam a desvios de comunicação. Se houver excessos ou déficits patológicos e rígidos nas manifestações desses princípios, como, por exemplo, uma família em que haja um incentivo constante para o desenvolvimento da racionalidade, os filhos poderão desenvolver um comportamento extremamente racional em detrimento do aspecto emocional e de movimento. Outra família poderá incentivar o comportamento emocional em detrimento do pensamento e do movimento, e ainda outro tipo de família poderá valorizar extremamente a estética corporal com prejuízo da percepção e da emoção. Cada uma trará conseqüências tanto no nível subjetivo quanto no somático[6].

O MODELO ESTRUTURAL DE BOADELLA: AS TRÊS CAMADAS EMBRIOLÓGICAS

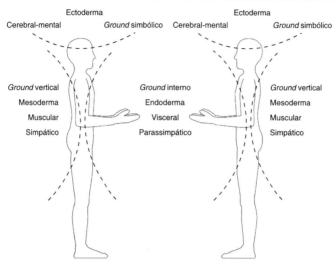

RITMOS DE RESPIRAÇÃO E COMUNICAÇÃO

Na prática clínica da Biossíntese vemos a respiração como um indicador essencial daquilo que acontece com o cliente e com a expressão de seu estado emocional. O reequilíbrio emocional está diretamente ligado ao reequilíbrio da respiração, a ponto de os dois formarem um trabalho inseparável. Por exemplo, uma pessoa em depressão respira pouco e se mantém em estado de letargia corporal e psíquica, que geralmente a aliena do contato com o mundo.

O ritmo respiratório, quando está relaxado, nos dá a sensação de concentração e de centramento, demonstrando que a pessoa está conectada consigo própria. Tomando o exemplo de alguém que flutua na água, observamos que seu peso é distribuído a partir do seu centro gravitacional, situado logo abaixo do umbigo. Se essa pessoa entra em estado de ansiedade, quebrando o ritmo respiratório, uma contração é criada e a pessoa afunda, pois sua ligação com o centro se perdeu.

A respiração funciona com o ritmo entre inspiração e expiração, em ondas que sobem e descem no abdome e no peito. Inspirando, enchemo-nos, contemos e preparamo-nos para a ação; expirando, esvaziamo-nos, liberamos e cedemos. Dependendo da forma como uma pessoa respira, ela tem ritmo de bem-estar interior, ou demonstra tensão e intranqüilidade. Se existe supercontenção, os sentimentos ficam retidos, há o medo de expirar e de perder o controle, ou mesmo o temor do expirar da morte, em contrapartida com a boa sensação de ir além dos limites e ganhar mais espontaneidade. A pessoa que tende à inspiração também é inclinada à rigidez e à hipertensão.

Boadella cita o exemplo de um homem que, quando criança, freqüentemente apanhava da mãe e se esforçou muito para conquistar o amor dela, atuando de forma que a agradasse. Mas a mãe sempre encontrava um defeito no filho, que a seu ver era sempre grave, e por isso batia nele usando um fio elétrico. Mais tarde ele aprendeu a lutar caratê, chegando a um nível técnico bastante alto. O caratê lhe proporcionava a chance de uma intensa descarga física. Apesar disso, porém, ele continuava sentindo dores no peito e angústia relacionadas ainda com a imensa raiva que sentia de sua infância. Essa tensão física ligada à sua história infantil provocava também um tipo de comportamento e de comunicação com o mundo exterior que pressupunha sempre um estado de elevada tensão. Esta pessoa precisava de ajuda para relaxar o peito e a respiração.

Outro tipo de personalidade está ainda mais identificado com a expiração. São pessoas que têm grande dificuldade de se conter e cuja expiração vem acompanhada de um grito ou de alguma expressão emocional. Indivíduos nesta situação perdem facilmente a concentração. Para tais pessoas, aprender a inspirar e construir um senso de concentração equivaleria a encontrar uma nova forma de se comunicar consigo próprias e com o outro.

A respiração apresenta ainda outras características, mais complexas, que se apresentam no corpo como peitorais ou abdominais e suas variações, cada uma delas significando características diferentes de comunicação. Como exemplo comum podemos lembrar das ordens militares de encher o peito e mantê-lo inflado como expressão somática de força e de respeito que resulta naquela aparência de um balão de gás que, ao subir, tira os pés da pessoa do chão. Essa imagem é também adotada por muitos homens como símbolo de força e sobretudo da capacidade de não se entregar, ou de não se render ao "inimigo", mas que na realidade acabam não se entregando nem a si mesmos. Soldados, para relaxar, precisam da guerra e dos enfrentamentos fortes como única saída para sua tensão extrema. Notamos facilmente essa reação no mundo executivo, empresarial e político da atualidade. O cinema, notadamente nos filmes norte-americanos de ação, baseia-se nesse princípio para conduzir o público a um estado de grande tensão para só então poder relaxar. Outro símbolo desta atitude é o peito totalmente esvaziado, murcho, com aparência de "relaxamento", mas cheio de uma imensa fraqueza, moleza ou mesmo depressão. Esse estado é muito encontrado na sociedade entre aqueles que representam certo ar de fracasso e de melancolia arrastada.

Na sexualidade essas formas de respiração evidentemente afetam a qualidade e o ritmo do encontro e seu estado emocional. Respiração é um dos aspectos fundamentais na dança da sexualidade.

Quando Wilhelm Reich descobriu o papel fundamental da respiração, descreveu a descoberta como uma entrada no mundo vegetativo, o que o levou a investigar os domínios ocultos do interior do corpo, em aspectos como a pulsação e as batidas do coração. Reich descobriu então que, sempre que existem distúrbios respiratórios crônicos, tais distúrbios encontram-se nos ritmos internos que bloqueiam os ritmos prazerosos do corpo. Se uma pessoa tem tendências crônicas respiratórias, a maneira de se comunicar com o mundo terá características próprias e formas específicas de diálogo. Uma de minhas pacientes sofria de profundas sensações de pânico, com medo de vomitar e muita ansiedade tensionando a barriga. Quando ela se deitava no divã, sua respiração era redistribuída pelo corpo e a ansiedade se transformava em ondas de prazer. Mas o comportamento natural dela era a introspecção. Suas sensações e seus sentimentos eram mantidos dentro de si; a paciente não conseguia compartilhá-los nem transformá-los em algo prazeroso. Ela simplesmente permanecia mergulhada em si mesma. Sua necessidade de contato era grande, mas a "respiração" a mantinha prisioneira, ou seja, a respiração foi a forma encontrada por seu corpo para lidar e se comunicar com o campo social; ela aprendeu a usar seus braços e pernas como meios de comunicação com o mundo exterior: para chegar lá fora, para proteger-se, para agarrar, para afastar, para abrir e fechar. Com o trabalho terapêutico sua respiração foi se soltando e ela conseguiu atingir níveis melhores de comunicação e, conseqüentemente, de prazer.

Uma intensidade de energia vinda das vísceras ou das profundezas do corpo pode se deslocar para o sistema motor, para que uma expressão física aconteça por meio do movimento, do tato, da fala ou do contato visual. Aqui também podemos pensar na diferença entre expressão e comunicação. Expressão emocional pode ocorrer em qualquer lugar com uma pessoa isolada se manifestando, como forma de libertação, demonstrando o que sente. Isso não chega a ser comunicação, pois esta depende de alguém ou de algo para ser partilhado, ou de uma resposta que de alguma forma valide a interação. O constante comportamento de uma criança que se expressa sem obter retorno pode levar a uma situação de desespero e de incapacidade, por falta de resposta e confirmação.

Segundo David Boadella, em seu livro *Correntes da vida* (1995), Freud parece ter escolhido sentar atrás de seus pacientes nas sessões de psicanálise porque ficava envergonhado com o contato visual direto, apesar de ouvi-los com receptividade e precisão. O ato de encarar, ou *facing*, está relacionado com a qualidade do contato visual. Reich encarava seus pacientes e trabalhava com aquilo que via neles: couraça muscular, correntes vegetativas e bloqueios respiratórios. Ele costumava fitar seus pacientes e imitá-los, mostrando as defesas corporais, as expressões faciais e o tom de voz com que se expressavam, num nível de provocação suficiente para que o paciente fosse afetado no nível muscular e respiratório. Boadella apresenta ainda o relato de um paciente de Reich que já tinha passado por diversas sessões nas quais havia sido trabalhada a expressão emocional dos olhos:

> Depois de algumas semanas, ela surgiu. Durante a sessão, apareceu de repente e tocou o terapeuta (Reich), que gritou de excitação e de satisfação: – Ei-la! O cliente olhou para ele de maneira estranha e cética, com os olhos e a cabeça virados, como se estivesse dizendo: – O quê? Você está fora de si novamente? Mas o terapeuta não se distraiu e continuou apontando para os olhos do cliente, dizendo que lá estava ela, até que o cliente começou a senti-la. Um brilho fugaz, aliado ao movimento da cabeça e dos olhos, trouxe à tona uma nova expressão, vinda das profundezas para os olhos, capturando os olhos e o ser do terapeuta. Era um olhar de flerte, de chamado, como uma piscadela; as pálpebras, as sobrancelhas e a fronte se erguiam, os olhos se moviam para um lado e, ao mesmo tempo, a cabeça se inclinava sugestivamente para a mesma direção. À medida que o terapeuta imitava essa expressão, o cliente começava a manter um melhor contato

com ela; todo o seu rosto participava, a princípio tornando-se corado de vergonha, até explodir numa gargalhada vigorosa. O terapeuta alcançou o segredo do cliente e "entendeu"! Foi um encontro de mentes e de emoções. Palavras não foram necessárias. Em pouco tempo, o paciente trouxe à tona todos os demais impulsos que estavam escondidos. Soltou gritos de júbilo e assoviou. Então veio a fala. Com um sorriso significativo, depois com soluços e tremores, ele se lembrou de suas tentativas frustradas de flerte na adolescência, de seu desejo ardente de atrair as garotas desta maneira – preso e reprimido por sua educação moral e pelo medo de ser descoberto e punido.[7]

José Gil comenta sobre Fernando Pessoa: *"Se o desassossego é o movimento que prepara e conduz ao devir-outro, a estagnação deve negar toda possibilidade de metamorfose"*. Sem desassossego não há movimento; ele causa desequilíbrio, portanto, movimento, e a estagnação não só nega como também impede o movimento, assim como a negação da existência leva a um não-sendo, a um não-devir-outro a uma não-transformação. Reich em sua clínica partia de um corpo encouraçado, estagnado, e procurava, por meio de sua técnica, tocar no desassossego e encontrar o movimento contido no trauma corporal.

À PROCURA DA RESSONÂNCIA

A facilidade com a qual compreendemos a representação dos atores ilustra bem nossa capacidade fundamental de decifrar intenções, desejos ou até mesmo crenças alheias com base somente na observação de seus movimentos. As expressões faciais ou o andar são aspectos que pelo olhar interpretamos rapidamente, sem esforço e sem aprendizagem especial. Essa fonte de informação é essencial mas às vezes suficiente em nossas relações e jogos sociais. Reich fez um jogo de simulação, um simulacro de seu paciente do exemplo acima, ajudando-o a se ver nele, por meio do espelho, simulando o ponto de vista do outro e utilizando o resultado desta simulação para compreender e predizer seu comportamento.

> O simulacro é precisamente uma imagem demoníaca, destituída de semelhança; ou, antes, contrariamente ao ícone, ele colocou a semelhança no exterior e vive de diferença. Se ele produz um efeito exterior de semelhança, é como ilusão e não como princípio interno; ele é construído sobre uma disparidade, ele interiorizou a dissimilitude de suas séries constituintes, a divergência de seus pontos de vista, de modo que mostra várias coisas, conta várias histórias ao mesmo tempo.[8]

Os estudos dos esquemas de imaginário cerebral nesses últimos anos parecem definitivamente confirmar que a característica dos estados mentais dos outros repousa sobre os mesmos mecanismos que nos permitem ter a consciência que temos de nós mesmos[9]. Continuando o relato do paciente:

Um dia aconteceu um milagre. De repente, o paciente se assustou e abriu os olhos com espanto. Enquanto olhava para o terapeuta, seu rosto suavizou-se e encheu-se de luz. O paciente logo percebeu que seus olhos tinham se aberto à excitação e à iluminação orgônica[10] e que agora ele era capaz de ver melhor e, por isso, sua própria excitação energética podia ser tocada pela excitação energética dos outros... O significado disso para as gerações futuras é estupendo, já que a maioria das pessoas não vê realmente, por causa de suas couraças. Elas perdem o brilho da vida e, portanto, sua poesia, sua música e sua beleza. O paciente tinha melhorado sua visão...

O paciente territorializou-se[11]; a visão encontrou o olho que encontrou a visão, que encontrou um espaço, um lugar em si mesmo, território demarcado a partir de uma relação de desassossego virtual e real, provocação e confronto. A troca de olhares entre terapeuta e paciente abriu a comunicação. Se não houvesse o desejo do terapeuta de ir além da pele, além do olho, tentando penetrar no invisível presentificado no olhar, não haveria transfiguração, ela não ocorreria. A alma[12] ocupa seu espaço em regiões do corpo e o corpo serve como multiplicador da alma, oferecendo-lhe um espaço geográfico. O interior do corpo participa imediatamente, assimilando a intensidade das forças. Muro branco e buraco negro dialogam, superfície de inscrição e processo de subjetivação, processos de significância e subjetivação. Nesta relação terapeuta-paciente produziram-se novos signos e subjetividade, desterritorialização da couraça e conseqüente territorialização do fluxo. Quando o terapeuta representa ou imita o paciente, entra em contato, toca ou entra em seu território com o próprio signo corporal, cria um ritmo desterritorializante, um jogo que acentua a pulsação entre os dois meios, repetindo a expressão do paciente ao mesmo tempo que espelha um simulacro revelado na face, na pele, no que de invisível e não vivido possa existir para o paciente. Os meios constroem pontes de comunicação, imitando códigos, como uma mãe que brinca com seu bebê; a imitação serve como estímulo de comunicação, mas, como disse Daniel Stern[13], a imitação nunca é perfeita, porque senão seria uma simples mímica sem subjetivação.

> O corpo pode tomar o lugar de todo outro contexto, presente (que envolve o corpo) ou ausente (outra situação do corpo). É assim que uma variação mínima da posição corporal ou de um gesto pode induzir, num sujeito que o percebe, um comportamento diferente. Entramos aqui no domínio da influência e da sugestão e, portanto, de certas ocorrências da contratransferência.[14]

Assim, as forças invisíveis que põem em contato um corpo e outro são sempre potências do futuro, sempre prontas para atualizar, quando possível, os conteúdos intersubjetivos, sendo a pele seu meio de transporte, investindo forças e afetos a partir do inconsciente corporal em direção à conscientização.

As potências do futuro são acidentes imprevisíveis e a possibilidade de se atualizar depende da capacidade de ser receptivo a esses acidentes de percurso, pois se se é refratário aos acidentes, como às vezes devemos realmente ser, ao mesmo tempo que garantimos a volta do passado, impedimos o movimento do futuro.

As forças são a condição da diferença, isto é, são elas que vão romper com comportamentos repetitivos e impor uma nova **"figura"** ao corpo, processo em Biossíntese chamado de **transfiguração**. Talvez possamos associar isso à idéia de figura, que Gilles Deleuze forja para falar da pintura de Francis Bacon: ele observa que a figura não se limita à imobilidade, mas é sensível e exploratória. No entanto, quando aparece e é isolada, torna-se um ícone. Entre duas figuras uma história se insinua ou tende a se insinuar como uma tendência de movimento, que fica aprisionada na representação e se atualiza nessas figuras.

Assim, a figura é o personagem que põe a força[15] no sensível, força essa que é encontrada nos fusos nervosos da musculatura[16] e provoca o desenvolvimento do trabalho de "campos motores e posturas da alma", conforme define David Boadella.

Em campos motores trabalha-se com uma anatomia emocional em resposta a interferências fortes que afastam a pessoa do contato com suas potências e forças, interferências estas que levam à formação de posturas somáticas de caráter dirigido em função da demanda do mundo exterior. Existe uma grande diferença entre os movimentos que partem do estímulo interno e os que se devem ao estímulo do outro. Especificamente dois impulsos nervosos padronizam os movimentos, *grosso modo*, o nervo alfa, ligado ao sistema de ação voluntário, e o nervo gama, ligado ao sistema de prontidão que é intencional e de humor. O movimento voluntário, na maioria das vezes, devido às interferências externas, sobrepõe-se aos movimentos involuntários espontâneos, portanto, trabalhar em nível gama é uma forma de contatar o mundo não consciente ou inconsciente sem usar as palavras.

O conceito de campos motores foi desenvolvido com base nas pesquisas de Piaget em esquemas sensomotores. A partir daí o embriologista alemão Erich Blechschmidt desenvolveu o conceito de campos embriodinâmicos, descrevendo oito tipos de campos de força: flexão, extensão, tração, oposição, rotação, canalização, absorção e ativação. Cada um desses campos diz respeito a diferentes fases do desenvolvimento da comunicação do *self* com o mundo exterior e caminha de acordo com os conceitos de Daniel Stern. No processo de desenvolvimento os principais campos motores, sozinhos ou combinados, estão envolvidos em todas as etapas, desde o livre boiar dentro do útero, passando pelo nascimento e pela amamentação, até o momento de engatinhar, ficar de pé, pegar coisas e adquirir todas as habilidades posteriores necessárias ao balanceamento sensoriomotor nas relações afetadas, cada uma tendo uma importância físico-emocional que influenciará a relação terapêutica e a postura em relação à vida.

O processo de transformação é o que lida com o movimento da forma, do signo, da leitura corporal, da representação estática de uma forma de ser. As forças invisíveis partem dos reservatórios energéticos da memória corporal, disparando um constante processo de transfiguração. Quando memórias do passado são estimuladas, trazem afetos que freqüentemente aparecem como carga energética no corpo, cargas essas que são precursoras de expressões emocionais inconscientes que ficam recalcadas no corpo. Estudos neurológicos mostram que consciência e pensamentos advêm das sensações e informações provindas do corpo durante experiências interativas, como Antonio Damasio claramente define em seu livro *The feeling of what happens* (1999). Estas experiências corporais são a fonte de nossa memória implícita e explícita e formam o registro de como vivemos. São também a base utilizada para formular pensamentos e idéias nas interações com o outro. Pesquisas com cérebros mostram que aquilo que experienciamos como "consciência" baseia-se na memória e é plenamente dirigida por ela.

Por esta razão o laureado neurologista Gerald Edelman chama consciência de "o presente relembrado" no livro *Universo da consciência*.

Isso posto, podemos pensar em duas classes de memória – a autobiográfica e a evolucionária-genética. A memória autobiográfica é uma tábula rasa no nascimento, mas a evolucionária-genética é o que podemos chamar de "paixão pela existência". Sob esta influência nós procuraremos, ao longo da vida, satisfazer as necessidades para a continuação da existência. Com o crescimento, essa natureza constantemente nos empurrará para ações e interações voltadas para a continuidade da espécie, tanto sexual quanto socialmente.

Damasio, no quadro a seguir, chama de *proto-self* o local onde nascem a memória autobiográfica e a memória genética, dirigindo-se para o que ele denomina *self* central ou *core self*, que reúne referências conscientes do organismo do indivíduo, no qual os eventos acontecem e formam a memória autobiográfica, base do *self* autobiográfico.

Em seu livro *The feeling of what happens* (1999), Damasio nos apresenta um esquema de organização de desenvolvimento do self[17].

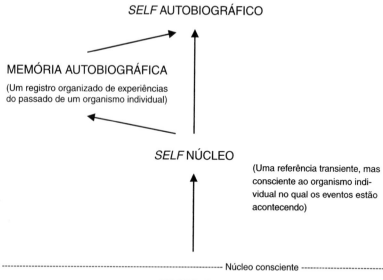

A seta entre o proto-self não consciente e o núcleo do self consciente representa a transformação que ocorre como resultado do mecanismo de conscientização do núcleo.

A seta em direção à memória autobiográfica é a memorização de instantes repetitivos de experiências do núcleo do self. As duas setas em direção ao self autobiográfico significam a sua dependência mútua nas contínuas pulsações do núcleo da conscientização e a contínua reativação de memória autobiográficas.

Todos esses processos sociais interativos são processos musicais, em que a memória está contida na sintonia de afeto e na aliança terapêutica. A música, a dança entre terapeuta e paciente começam onde a representação termina. A música se atualiza no presente por meio do ritmo relacional, mas dentro do corpo ela é sempre potência para o futuro, sendo mais resistente à repetição. É claro que falo aqui da música criada e estimulada por terapeuta e paciente dentro da sala de ressonância em que a preocupação seria a não-repetição de uma história patológica, ou a não-reprodução de um mesmo disco. A figura neste aspecto toma o lugar da representação ou do signo, fazendo transbordar a significação passada e criando novas possibilidades em direção a um processo de independência.

As forças invisíveis (contidas nas diversas camadas do corpo) contêm as feridas de paciente e terapeuta dentro da sala ressonante:

1. "O não-pensado, conhecido" – identificação vegetativa – Christopher Bollas.
2. "O inconsciente não vivido" – D. Winnicott.
3. "Conhecimento somático" – identificação somática – Stanley Keleman.

Dessa forma, o corpo é atravessado por um conjunto de processos, multiplicando-se junto com o organismo e tornando-se um conjunto de processos em constante devir.

Segundo Bergson, no interior dos órgãos existe uma intensidade pronta a interagir com o mundo; a tendência do organismo é uma forma de agenciar com o mundo de certas maneiras, a ponto de os órgãos criarem estratégias de agenciamento. A ressonância somática funciona como um desejo de agenciamentos. Como na genética humana, já existe uma intensidade para a continuação da vida, já existe um útero esperando por um embrião, assim como um espermatozóide esperando para germinar um óvulo. Antes de existir a vida, já existe um lugar esperando por ela.

Boadella descreve o caso de uma paciente que procurou terapia porque sua vida emocional e sexual estava confusa. A moça havia aprendido, assim como acontece com muitas outras pessoas, que o que a tornava atraente era seu corpo e não seu universo interior e sua alma. Mas ela mantinha um bom contato visual, apesar da confusão e do baixo nível energético. Boadella trabalhou no sentido de aumentar e melhorar o nível energético por meio de certas técnicas corporais, mas a sensação que ele tinha era de que, num nível profundo, ela se mostrava sempre invisível e inatingível. Resolveu então suspender o trabalho corporal e desistiu até mesmo de olhar para a paciente; deitando a seu lado, compartilhou a dificuldade sentida por ela, que a impedia de se comunicar de outras formas. A partir daquele momento a moça disse não acreditar que houvesse um eu mais profundo a ser atingido e começou a falar a partir de seus princípios mais profundos, lembrando e reconhecendo sua história, começando progressivamente a descongelar a armadura, a couraça corporal, falando de dentro para fora sem a intervenção corporal do terapeuta, que havia se tornado ameaçadora e não mais um canal aberto de comunicação. A respiração foi aos poucos relaxando e o corpo encontrou uma forma de fazer as palavras se expressar. O *ground externo* é o corpo, formado de carne e osso, vasos sangüíneos e células nervosas, uma obra de arte intrincada e complexa. O *ground interno* é a potência, a força do indivíduo, que o une ou separa de um domínio de existência anterior à formação do corpo, não está preso ao tempo nem ao espaço, transpondo fronteiras e limites.

Dr. Ola Raknes, um discípulo e aluno de Reich na Noruega, diz o seguinte:

> Aqueles que estão acostumados a perceber os próprios processos corporais certamente serão capazes de sentir as correntes que passam por todo o corpo durante uma respiração completa e profunda. Esses movimentos ondulantes dão a sensação plena de vida. Aqueles que mantêm o corpo relaxado e a mente límpida têm essas sensações como um *background* regular e permanente a tudo

aquilo que experimentam, e é isso que dá cor, gosto e frescor à sua vida.[18]

Talvez nos ajude aqui a idéia de "corpo sem órgãos" que Deleuze e Guattari tiraram de A. Artaud:

> Um corpo sem órgãos (CsO) é feito de tal maneira que ele só pode ser ocupado, povoado por intensidades. Somente as intensidades passam e circulam. Mas o CsO não é uma cena, um lugar, nem mesmo um suporte onde aconteceria algo. Nada a ver com um fantasma, nada a interpretar. O CsO faz passar intensidades, ele as produz e as distribui num *spatium* ele mesmo intensivo, não extenso. Ele não é espaço e nem está no espaço, é matéria que ocupará o espaço em tal ou qual grau – grau que corresponde às intensidades produzidas [...]. Produção do real como grandeza intensiva a partir do zero. Por isso tratamos o CsO como o ovo pleno anterior à extensão do organismo e à organização dos órgãos, antes da formação dos estratos [...], pois os órgãos somente aparecem e funcionam aqui como intensidades puras.

Quando o terapeuta abandona o enfoque no corpo, o CsO substitui o organismo, a organização, a experiência finalmente substitui a interpretação, a explicação já não é necessária, o trabalho de exploração se transforma em um trabalho de "iniciação". As repressões instaladas na memória muscular que controlavam e davam um caráter representacional ao "sujeito motor" são substituídas por fluxos de intensidade e o paciente pode devir ao si mesmo, um CsO se constrói e o "sujeito motor" se reencontra atualizado e sensível. O ovo aparece, é progressivo, como diz Deleuze, e nele se encontra a intensidade pura, a essência em termos do que define Boadella como o princípio da produção constrita atrás da máscara social instalada no "sujeito da percepção". Nesse sentido o CsO é a estrita contemporaneidade do adulto, que na sua auto-atualização é o devir desta essência. A representação se transforma em figura, a diferença está além da repetição. Gerda Boyesen diz que, uma vez que as correntes vegetativas são restabelecidas em seus fluxos, ocorre o "*no turning point*"[19], isto é, a capacidade de procurar a diferença se estabelece, o desejo passa a ser o plano de imanência.

O psiquiatra Peter Levine[20] dá o seguinte exemplo de uma paciente: 25 anos atrás a vida de Jody fora estilhaçada. Andando por uma floresta nos Estados Unidos, foi abordada por um caçador que, por insanidade mental, bateu na cabeça dela com um rifle várias vezes. Essa pessoa procurou Peter para terapia em 1995, mas as memórias que tinha do evento eram poucas e confusas. Ela vagamente lembrava o encontro com o caçador e a caminhada ao hospital. Jody sofria de problemas graves de comunicação, pois tinha muita ansiedade, dificuldade de concentração, déficits de memória, depressão e fadiga crônica. Durante o tratamento ela sofreu uma queda, enquanto praticava patinação no gelo, e depois desse incidente muitos sintomas pós-traumáticos passaram a acontecer. Jody acreditava que somente se lembrando dos fatos poderia se curar, mas isso era extremamente frustrante, pois a dificuldade para se lembrar era grande. Peter então sugeriu que ela poderia melhorar mesmo sem ter a "memória cognitiva" do fato, o que a relaxou um pouco. Trabalhando com foco no corpo, aos poucos tornou-se consciente de vários padrões de tensão na região da cabeça e do pescoço. Focando mais na "experiência da sensação", ela começou a perceber uma tendência interna cinestésica de virar e retrair o pescoço. Permitindo que esta "tendência" se efetivasse de forma gradual e em câmera lenta, como se fossem "micro-movimentos", conseguiu experienciar um medo momentâneo seguido de uma forte sensação de formigamento. Deixando estes movimentos "intencionais involuntários" aparecer e gradualmente se completar, Jody começou uma viagem para dentro de si e além da profunda inconsciência dos "traços de memória" implícitos no fato traumático. Com essa movimentação polar entre um controle flexível e uma entrega a esses movimentos involuntários, Jody começou a experienciar uma suave sensação de tremor no corpo. Várias sessões foram realizadas com o mesmo procedimento de "micromovimentos", permitindo que cada vez mais seu corpo entrasse em contato com a memória adormecida. Desta forma ela conseguiu retomar os movimentos de defesa contra o ataque, suas pernas se movimentaram para correr, os braços reagiram violentamente contra o agressor, a sensação de estar lutando, o cheiro da luta e do agressor e as pancadas na cabeça voltaram à lembrança. Completando essas várias formas de resposta à dor e desorientação, Jody pôde construir o sentido de como ela (seu corpo) conseguiu reagir naquela fração de segundo e gradualmente restaurar seu *self* estilhaçado.

Enquanto a memória explícita pode ser acessada por meio da cognição no córtex cerebral, a memória implícita é alcançada pelo corpo no sistema límbico. A "sensação sentida" é feita de sinestesia, propriocepção, informação visceral e dos orifícios de entrada no corpo. As informações entram no corpo de forma não consciente, através do sistema límbico (emocional) ou neocortical (cognitivo). Movimentos intencionais não conscientes são experienciados como se o corpo estivesse se movendo por vontade própria, não por esforço consciente. A experiência se contrapõe à "história oficial", dando voz e movimento à história do que foi vencido ou oprimido. Paciente e terapeuta se desterritorializam um com o outro. A intensidade da desterritorialização não se confunde com a velocidade do movimento ou do desenvolvimento. O paciente, no caso o menos territorializado, se reterritorializa. O corpo inteiro toma uma nova forma, um novo rosto surge a partir do que um dia foi essencial. Os braços, as pernas, o olfato e a audição se reterritorializam. O poder do terapeuta, ou o poder terapêutico, entra em jogo, ressonando como na relação pai–filha, valendo aqui a eficácia da relação de comunicação terapêutica, organizando um novo poder, um novo signo psicocorporal.

A psicanálise partiria para a interpretação, para o reencontro do eu; nós procuramos ir mais longe. Ainda como diz Deleuze, substituir a interpretação pela experimentação. Desvendando-se o fantasma, o organismo que foi significado e subjetivado pela violência, resta o CsO. O fantasma forma a couraça de caráter reichiana que interfere na comunicação direta, desviando o sujeito do alvo. Cada tipo com seus próprios desvios, o masoquista, o esquizóide, o histérico. Somente com intensidades é possível circular. O trabalho do terapeuta é, na relação terapêutica, ajudar a encontrar as intensidades deste CsO, por isso é chamado de "ovo pleno", anterior à organização dos órgãos, anterior também à organização dos órgãos que sofreram trauma, danificando o contato com o campo de imanência do desejo e sua consistência que o define como processo de produção ou de criação. Outra vez cito Deleuze: "O prazer é a afecção de uma pessoa ou de um sujeito, é o único meio para uma pessoa *se encontrar* no processo do desejo que a transborda; os prazeres, mesmo os mais artificiais, são reterritorializações". O organismo de Jody ressignifica e ressubjetiva. A significância descola do corpo e o organismo atualiza outro signo, uma nova postura da alma.

Podemos fazer uma analogia deste trabalho com os conceitos de Carlos Castañeda, o *Tonal* e o *Nagual*[21]. O Tonal está ligado à memória organizada: o trauma organizou o organismo de Jody de determinada forma, dando certo signo ao corpo, rosticidade, compreensível e interpretável. Com a experiência terapêutica, o CsO vai substituindo essa organização por meio dos fluxos de intensidades, desfazendo estratos: o Nagual.

Estes agenciamentos ajudam a tornar visíveis novos signos, marcando a diferença e não a repetição, potencializando a figura e não a representação. O devir passa a ser o movimento da cena, devir animal no sentido de aceitar o movimento não consciente que vem do corpo, como um desejo de pertencer a outras conexões e multiplicação mergulhando numa geografia de afetos.

Nos exemplos apresentados de comunicação e experiência terapêutica passamos por momentos em que estavam sendo tocados os "sujeitos" percepção, motor e emocional, em que os territórios de cada um eram afetados pelos meios e ritmos impostos pela relação dual, territorializando e desterritorializando. O território aparece a partir da expressividade do ritmo, formando novos ritornelos motores, gestuais, ópticos e emocionais. Essas novas possibilidades conseqüentemente formam novos agenciamentos, *intra-agenciamentos a interagenciamentos, como componentes de passagem e alternância* (Deleuze e Guattari, *Mil platôs*, vol. 4, p. 135).

CAPÍTULO 4

RESSONÂNCIA

Pousa a mão na minha testa:
Não te doas do meu silêncio:
Estou cansado de todas as palavras.
Não sabes que te amo?
Pousa a mão na minha testa:
Captarás numa palpitação inefável
O sentido da única palavra é
Amor.

MANUEL BANDEIRA

Espinosa especulou que, se a natureza do corpo de uma pessoa é como a natureza de nosso próprio corpo, então nossas idéias a respeito do corpo do outro, como nós o imaginamos, envolverá uma afecção de nosso próprio corpo com a afecção do corpo do outro. Conseqüentemente, se sentimos e imaginamos alguém com quem nos identificamos ser tocado por algum afeto, essa imaginação expressará uma afecção em nosso próprio corpo, como a do outro[1].

Em psicoterapia corporal ressonância é a comunicação não-verbal, à qual alguns autores, conforme já foi mostrado, se referem com diferentes nomes [para Wilhelm Reich: *identificação vegetativa;* para Jay Stattman: *transferência orgânica;* para Stanley Keleman: *ressonância somática*; para Kernberg: *unidade primitiva de relações objetais*].

Vimos também que a ressonância pode ser percebida e vivida de várias formas, como por meio da respiração ou da dança. Diálogos ou padrões de respiração são funções do vínculo social capaz ou não de criar contato. "Respiração significa construir conexões, comunicar, atravessar pontes."

Uma mãe que não ressoa com seu bebê não se comunica, pais que não ressoam com os filhos não os compreendem, professores que não ressoam com a classe podem não estar transmitindo informação, casais que não ressoam não têm prazer na convivência, governos que não ressoam com o povo não governam.

Relações que funcionam a partir de experiências ressonantes marcam territórios, educam, ensinam, treinam e criam uma relação musical de canto e dança que dinamiza a comunicação, deixando uma melodia, um som, uma imagem, que marca o sentido, o encontro, muito mais que palavras perdidas sem conexão com o organismo, simples atributos.

A partir dos agenciamentos desses encontros e desencontros, entraremos num campo da subjetividade de dança e som, no qual acompanharemos processos de movimento e escuta. Movimentos não derivam só do gesto, mas da potência ressonante da relação que desterritorializa o potencial paralisado em ambos. Aqui o fluxo da interferência terapêutica ajudará a criar novos mapas, nos quais paciente e terapeuta saem da imagem fotográfica e ganham um fluxo em direção ao desconhecido. Desta forma o leitor acompanhará produções de relação subjetiva por meio do desejo acompanhadas de transformações de postura numa nova cartografia.

Por meio do hibridismo da relação terapêutica, existe uma sensibilidade clínica que não se sustenta só na relação de transferência e contratransferência, pois a relação convoca um devir outro, um devir desconhecido e quiçá surpreendente. Assim, a relação psicocorporal terá um comprometimento com a invenção de novos mundos e novas possibilidades, porque trabalhará sempre com a dança e o som das diferenças, proporcionando uma transformação de problemas em recursos, mediante campos motores, elementos de toque, conexão de linguagem e, especialmente, com a relação constante entre embriologia e subjetividade, mostrando como reverter e transcender estados de ansiedade e de choque, saindo da regressão compulsiva para a progressão criativa.

Deleuze e Guattari, no livro *O que é a filosofia?* (1992), introduzem um novo nome para a teoria da sensibilidade: "o percepto". Dizem que o percepto não está somente nas artes plásticas, mas também na arte poética – Fernando Pessoa trabalha com o percepto na poesia: *"O que em mim sente 'stá pensando"*. Ainda segundo Deleuze, o percepto vai além da percepção, ou melhor, o percepto não percebe as coisas, mas entra em contato direto com as sensações, faz parte da sensações, é sentido pré-fenomênico, exatamente como na fase de desenvolvimento em que o bebê começa a aprender com a mãe somente por meio das sensações, pré-fenômeno, pré-consciência, formação de consciência, como veremos nas imagens do fim deste capítulo.

Segundo o prof. Claudio Ulpiano, em palestra proferida nas Oficinas Culturais Três Rios, tanto Cèzanne quanto Paul Klee disseram mais ou menos o seguinte: *"Pintar não é representar o visível (representar o visível é função da percepção); pintar é tornar visível o invisível"*. A mãe tantas vezes tenta e consegue entender o que o bebê está "falando", os amantes tantas vezes conseguem se entender sem palavras antes de os acontecimentos se tornarem conscientes, Fernando Pessoa tantas vezes torna o invisível "visível" em seus leitores.

O percepto está no mundo do sensível ou no mundo do inconsciente como uma potência a ser explorada e tornada consciente ou concreta por meio da experiência que poderia ser a arte terapêutica na sua condição intersubjetiva como exploradora das posturas da alma.

Felix Guattari, em *Caosmose* (1992), retoma o psicanalista e etólogo Daniel Stern, em *O mundo interpessoal do bebê* (1992, p. 124), sobre sua concepção do *self* e o esclarecimento que pode nos dar sobre o caráter polifônico da intersubjetividade:

> Para haver uma troca intersubjetiva em relação ao afeto, apenas uma exata imitação não funciona. Primeiro, o progenitor deve ser capaz de ler o estado de sentimento do bebê a partir de seu comportamento manifesto. Segundo, o progenitor deve ter algum comportamento que não seja a imitação exata, mas que não obs-

tante corresponda, de alguma forma, ao comportamento manifesto do bebê. Terceiro, o bebê deve ser capaz de ler essa resposta parental correspondente como tendo a ver com a sua experiência de sentimento original e não apenas como uma imitação de seu comportamento.

A pesquisa teórica prossegue com Deleuze e Guattari em *Mil platôs* (1997, vol. 4, p. 124) a respeito do conceito sobre o ritornelo, em que encontramos citações sobre comunicação:

> Nas linhas motoras, gestuais e sonoras que marcam o percurso costumeiro de uma criança, enxertam-se ou germinam – linhas de errância, com volteios, nós, velocidades, movimentos, gestos e sonoridades diferentes. [...] Com efeito, as qualidades expressivas ou matérias de expressão entram em relações móveis umas com as outras, as quais vão – exprimir – a relação do território que elas traçam com o meio interior dos impulsos e com o meio exterior das circunstâncias.

Signos e símbolos medeiam a relação entre consciência e inconsciência num processo quase exclusivamente não-verbal, o que nos leva a refletir sobre a relação entre mundo objetivo e subjetivo. De acordo com Daniel Stern, a sintonia de afeto é o ritmo ressonante entre uma pessoa e outra, que envolve "espelhar" e "ecoar", criando um vínculo num nível do relacionamento subjetivo que é diferente da empatia, pois a sintonia ocorre fora da consciência e quase automaticamente.

A mediação entre signos, símbolos e sintonia de afeto vincula organismo e palavra, muitas vezes dissociados pela cultura da valorização da palavra, que acaba distorcendo nossa capacidade de comunicação não-verbal.

Seguindo essa idéia de organismo, corpo e afetos (aqui pensando em organismo como a parte interna e invisível do corpo, e em corpo como a parte visível), encontramos um fluxo enorme de informações que influenciam o meio ambiente de forma coerente ou incoerente.

Pensando na dança como um sistema de comunicação que traz em si um conteúdo, que define espaços e possibilidades anteriores ao gesto, caberá a nós nos conscientizar e lidar com as possibilidades de transformação.

Deleuze e Guattari escrevem (*Mil platôs*, vol. 4, p. 127):

> O olhar da mãe é o mesmo que se conhece e reconhece dentro da música e dança da relação. O fio de Ariadne, o canto de Orfeu. A canção é tão organizadora como o olhar, que arrisca deslocar-se a cada instante. O território é primeiramente a distância crítica entre dois seres da mesma espécie para marcar suas distâncias.

As pessoas, os outros, desterritorializando-se, chegam a território orgânico invisível do outro, mas sensível para elas, estabelecendo um ritmo de agenciamento, um ritornelo motor, gestual e óptico que se desenvolve e transmite, transcodifica-se e torna-se amoroso e sensual. Como, por exemplo, neste caso: [Ela estava sentada na minha frente em meu consultório, me olhava com olhos a princípio assustados, o corpo rígido, de uma rigidez pálida e hipotônica. Estava também paralisada, a princípio uma incógnita, uma forma de ponto de interrogação, uma metáfora, um signo que eu não entendia e que de certa forma me paralisava também. Em algum momento do qual não me lembro exatamente, começo a suar, sinto meu corpo esfriando em suor, minha visão começa a turvar. Continuei ligado à minha consciência apenas por uma linha fina que me permitiu em algum momento sentir e pensar ao mesmo tempo, e o meu sentimento me disse: "Sinto medo". Mas medo de quê? O que está acontecendo aqui? Começo a checar o que ocorre comigo naquele instante e percebo que não existe conexão entre o momento atual de minha vida e esse sentimento de temor; muito menos encontro algo na minha relação com essa paciente que pudesse justificar a fala: "Ela me assusta", "Seu estado me assusta", "sua paralisia me assusta". Nada encontrei nessa rápida conexão *sentimento-pensamento*. Foi aí então que, já estando mais próximo de minha consciência e observando-a com mais clareza, percebi que algo nela havia mudado. Ela pareceu perceber que eu havia entendido alguma coisa sem que ela precisasse ter dito nada. Meu pensamento me trouxe à lembrança o primeiro sentimento experimentado quando a fitei já tomado pelo temor, dizendo para mim mesmo: "Sinto medo". Naquele momento ela me dizia algo por meio de sua postura sensível, "sinto medo", checando o sentimento... ela começou a compartilhar alguns de seus medos.

O que aconteceu comigo naquele momento, e isso só fui compreender mais tarde, foi que a situação disparou em mim uma sensação que me fez supor um pré-significado à palavra que seu próprio corpo não conseguia expressar. Tal sensação ressoou em meu organismo produzindo uma suposição vinda de uma forma incorpórea, um percepto se tornou sensível.

Espinosa[2] nos lembra que afetos surtem efeitos corporais que nos ajudam a entender a diferença entre empatia e simpatia. Em alemão existe a diferença entre "*Mitgefuhl*" e "*Mitleid*", "sentindo com" e "sofrendo com". Espinosa distingue como "misericórdia" (dor que toca o coração) e "comiseração" (masoquistamente sofrendo junto). Vejamos no exemplo a seguir:

Uma pessoa que estava passando por um momento de muita ansiedade em relação a algo não definido em sua vida sentia essa sensação passando pelo corpo com tremores, suores frios, arrepios, fraqueza, perda de sensibilidade e, ao mesmo tempo, perdia contato com o interlocutor, como se fosse desmaiar. O quadro poderia ser definido como uma crise de ansiedade. Mas, como não havia nenhuma conexão com acontecimento específico nenhum, a única forma que encontrei para manter meu vínculo com a paciente foi deixando que meu organismo fosse empatizando, ressoando com o dela. Comecei a respirar junto, a desenvolver um diálogo facial e corporal, sem comentar com ela o que estava fazendo. Não se tratava de uma imitação, mas de um acompanhamento, uma maneira de tentar entender em mim mesmo o que se passava com ela. Passando por essas sensações, uma imagem me veio à cabeça: "Quero ser entendido, preciso que alguém me entenda, que entenda minhas sensações, que converse comigo e esteja presente, de quem eu consiga sentir a presença". À medida que esses pensamentos e sensações passavam por mim, continuei acompanhando-a com a respiração e percebi que depois de algum tempo sua ansiedade diminuía, conforme ela ia ressoando comigo. Passado um pouco da angústia e da sensação de desamparo, perguntei a ela se em algum momento de sua vida havia se sentido abandonada ou desamparada, sem ter com quem e como compartilhar o que passava, ou se talvez isso tinha alguma conexão com sua respiração. Ela me contou então que desde seu nascimento tinha problemas respiratórios, que não eram asma, mas sim problemas decorrentes de dificuldades durante seu nascimento, e que até os 16 anos essas crises respiratórias foram marcantes, o que inconscientemente lhe causava extrema angústia e medo de morrer. Foi tratada da melhor maneira possível por seus pais, que aliás eram extremamente carinhosos e preocupados, tendo proporcionado a ela tratamento com os melhores médicos. Mas, por alguma razão desconhecida, nada foi capaz de melhorar o quadro.

Enquanto respirava ali junto com ela, escutando-sentindo seu organismo, essa sensação real orgânica aproximou-se de seu imaginário, trazendo-lhe a memória atualizada da necessidade que tinha de que alguém sensível se aproximasse e lhe explicasse que as sensações orgânicas eram normais e decorrentes de seu estado de angústia e medo em vez de ter essas mesmas sensações corporais tratadas de maneira extremamente racional e cindida. Isso apenas fazia com que os sintomas fossem tomados como "bobagens histéricas ou emocionais".

Em outro exemplo de sessão num processo terapêutico o terapeuta descreve uma paciente que se apresentou a ele como uma pessoa profundamente devotada à família, ao trabalho e muito orgulhosa desta dedicação determinada. Ela também comentou ter uma depressão moderada e alguma fadiga. Havia procurado o terapeuta por sua reputação de também trabalhar com o corpo.

Nas primeiras sessões, o terapeuta sentiu-se "levado" por sua apresentação firme e devotada ou pelo que ele percebeu como uma crônica sensação de fragilidade e tristeza. A paciente permaneceu hesitante por um tempo, antes de iniciar a terapia, porque tinha medo das conseqüências que isso poderia trazer para sua vida pessoal e profissional. Estava, na época, na expectativa de ser avó, mas quando tal possibilidade tornou-se realidade surpreendeu-se com uma sensação de aborrecimento e desvalorização por cuidar dos netos. Depois de algumas semanas o terapeuta entrou em contato com ela e sugeriu que aquele poderia ser um bom momento para aceitar apoio terapêutico, apesar do próprio receio em revelar a ela sua percepção de uma profunda falha entre a auto-imagem apresentada por ela e a reação "visual/visceral" à sua presença no consultório.

O terapeuta então, cautelosamente, acompanhou o processo e a paciente gradualmente foi aceitando a relação terapêutica, passando aos poucos a reconhecer e expressar suas necessidades, apesar de ainda questioná-las.

Referências rápidas à sua infância apareciam e às vezes ela debatia-se com a dúvida de ter sido ou não esperada e querida por seus pais. Questionava se seu único papel havia sido manter o casamento dos pais, uma união que lhe parecia mais de conveniência que de amor. As sessões se sucediam e o terapeuta às vezes sentia-se aborrecido, pois seu cuidado não se mostrava de fato um cuidado, por isso volta e meia se censurava e essa atitude tolhia o confronto nas situações em que isso era desejável. Conseqüentemente, prestava atenção no próprio corpo e percebia os braços dobrados no peito, destituídos de qualquer expressão mais evidente. Aproximava-se o momento em que a paciente deveria tomar uma decisão de avanço profissional e para isso ela precisaria começar a viajar. Repentinamente, um grito: "Porra!" no meio daquela já usual rotina de comunicação. "Pelo menos uma vez na vida eu gostaria de um pouco de exuberância na minha vida. Exuberância. Eu sou tão cuidadosa a respeito de tudo!" Enquanto falava, jogava ao mesmo tempo os braços para cima em forma de arco, como um corredor aproximando-se da fita de chegada. Mas justo após este gesto seus braços voltaram ao dorso; o braço direito curvou-se com a mão formando um punho contra o ombro. Depois os dedos de ambas as mãos se curvaram em direção ao centro do peito, para então aquietar-se como se nada tivesse acontecido. O terapeuta reconhece que essa postura era tão familiar que se tornou invisível e, na sua invisibilidade, perdeu qualquer significado.

"Faça de novo este gesto com os braços", pediu o terapeuta. "Perceba seu corpo, mova novamente os braços em 'exuberância' e veja o que acontece." Ela olhou assustada diante da sugestão e novamente jogou os braços para cima, ressoando: "Fodam-se!" Espontaneamente repetiu o movimento algumas vezes, e começou a chorar... Aos poucos passou a relatar que quando movimentava os braços, intencional e conscientemente, seu peito fechava-se em pânico, não conseguia respirar, e a imagem de sua avó aparecia em sua memória dizendo: "Não se deixe levar pelas emoções, minha jovem!" A paciente lembrou-se de que o insulto da avó ecoou durante muitos anos e aquele "minha jovem" foi dito quando ela tinha três anos. Lágrimas corriam com ondas de raiva pelo corpo.

Seu gesto com os braços acompanhou o processo terapêutico por muitas semanas, transformando-se num ponto de referência na seqüência terapêutica exploratória. Trabalhando com o gesto, o terapeuta conseguiu ajudar a paciente a recuperar sua exuberância, sua condição afirmativa e, no aspecto afetivo principalmente, a capacidade de abraçar e de ser abraçada por aqueles a quem amava.

Essa apresentação de caso é um exemplo de trabalho não-verbal-gestual e intencional que utiliza uma intervenção com a atividade corporal do paciente para a elaboração e elucidação de campos sub e pré-simbólicos de experiência. Mais uma vez o terapeuta trabalha com a sua ressonância na relação, esperando o momento mais adequado para que a intervenção possa ser feita, pois a resposta à ressonância que o terapeuta sente virá do paciente à medida que os dois conseguirem ser território um para o outro. A ressonância vem a ser uma desterritorialização do sensível no paciente que toca o sensível no terapeuta, sem uma percepção consciente, sem uma palavra que a defina, mas como um percepto, uma pré-percepção de algo que poderá devir e se comunicar.

Trabalhos interessantes com ressonância podem ser realizados também com sonhos, como a ressonância de elementos do sonho de alguém quando acordado. Um paciente teve o seguinte sonho: viajava em um avião que teve problemas durante o percurso. O avião começou a oscilar no ar e explodiu. O paciente então se viu caindo, mas ao cair foi se segurando em partes do avião e, na queda, encontrou familiares e colegas de profissão, e um pouco antes de tocar o solo acordou. O trabalho se desenvolveu a partir da identificação do paciente com elementos do sonho: o avião, os pedaços destroçados dele, as pessoas que iam passando, o chão e as sensações conectadas e ressonantes com cada um desses momentos, inclusive os diferentes momentos de queda. Por meio dessa experiência ele pôde descobrir um momento de sua vida em que passara por um *breakdown* sem ter se dado conta, naquele instante, da força do impacto que o acontecimento havia provocado. Ele era então o presidente de uma empresa multinacional. Chegara ao topo e repentinamente pedira demissão, por não suportar mais o tipo de vida que levava. Só não percebeu durante o fato as conseqüências que poderiam ocorrer depois. Até o dia em que desmaiou num estacionamento quando viajava de férias e resolveu procurar ajuda.

Numa das sessões fizemos um exercício em pé em que nos posicionávamos um de frente para o outro. Coloquei a palma de uma de minhas mãos na testa dele e pedi que aos poucos permitisse que o peso de sua cabeça e depois do corpo repousasse em minha mão. Eu faria resistência suficiente para não deixá-lo cair, mantendo-o bem apoiado, a tal ponto que ele pudesse saber que tinha alguém à frente dele dando-lhe um suporte bom e suficiente para relaxar um pouco. Mas era necessário relaxar com o suporte de alguém presente e sentir isso no corpo e não somente contar com o apoio de suas próprias pernas solitárias, como sempre havia feito na vida. Só essa premissa foi suficiente para que ele se emocionasse e passasse à experiência. Depois de alguns minutos seu corpo começou a tremer e eu mantive o apoio, permitindo que ele tremesse a ponto de poder aos poucos conectar o tremor com o profundo medo que estava sentindo antes, durante e depois de sua demissão e do que poderia acontecer se tomasse a decisão de não mais ser um eficiente executivo autômato e sim um ser humano que também sente o medo fluindo pelo corpo em forma de tremor e não se coloca num lugar alto de onipotência e poder.

O paciente teve esse sonho uma semana após essa sessão, cuja elaboração aconteceu durante seu transcurso. A experiência de ressonância com os elementos do sonho foi elaborada e sentida desta forma: o lugar alto no avião poderoso e onipotente encontra um acidente pela frente, ocorre então a explosão, que é conectada com o momento de demissão e suas conseqüências no organismo. A queda e seus destroços deixados ao longo do caminho fazem referência às possíveis perdas após o impacto da demissão, com pessoas e pedaços da "solidez" da aeronave em que navegava se desfazendo. Foram esses mesmos pedaços que serviram de apoio e de encontro durante a descida, mas mesmo assim o medo da queda foi enorme. A elaboração veio em seguida à experiência do sonho; não era mais queda e sim pouso, e seu maior medo não era mais cair e sim pousar com o corpo no chão, pôr os pés no solo e sentir as próprias pernas como apoio firme e não mais as pernas de uma empresa que lhe oferecia um falso avião e um lugar ilusório que não lhe permitia sentir a própria estrutura de sustentação e apoio. Ocorreu uma conquista do corpo apoiado na experiência da alma, na relação com o outro que estava presente não só subjetiva mas objetivamente no corpo real, coisa que um divã jamais poderia oferecer.

Quando José Gil afirma que no encontro terapêutico existe uma instauração dessimétrica que, como vimos nos relatos apresentados das sessões, se dá no devir-outro, ele argumenta que essas dessimetrias ocorrem nos contextos em fluxo, nas sensações sutis e íntimas, como na percepção vibrátil do corpo que aterriza e não no que cai.

Essas sensações acompanham minha clínica ao longo de 25 anos. Uns chamam isso de experiência, mas o que vale neste momento é a sensação provocada por algo não explicável e sim experienciável. Em vários momentos deste percurso cheguei se era falta de habilidade profissional, falta de conhecimento, de informação, de supervisão, de diagnóstico mais técnico. Como é que isso tudo poderia estar acontecendo? O que exatamente era essa sensação? Por muito tempo essas sensações permaneceram como um mistério dentro de mim e me acompanhavam sem explicação, ficando entendidas como se fossem só uma contratransferência, uma identificação projetiva, uma ressonância, algo quase sempre discriminado como somente meu, não fazendo nenhuma ligação com o outro. Mas foi por meio das relações que fui aprendendo a perceber que algo que estava sendo comunicado não pertencia ao universo verbal, mas provinha do aprendizado pré-verbal na comunicação não-verbal.

A imagem da moça na minha frente foi a primeira coisa que me tocou: que ícone era aquele? Talvez aí entre a idéia da semiótica, do ícone que te toca, que é sentido, dá sentido e se aprofunda quando os sentimentos e as sensações passam através do real corporal. O signo assim só aparece quando interrogado pela investigação, é marginal à linguagem falada: simboliza o encontro entre o organismo do paciente e a pesquisa, a experimentação da relação corporal.

Segundo Foulcault (*op. cit.*, p. 188):

> O que se "pode" ver mostra-se na distância do que não se "deve" ver. Assim armado, o olhar médico envolve mais do que diz a palavra "olhar". Encerra, em uma estrutura única, campos sensoriais diferentes [...] o olhar médico é, a partir de então, dotado de uma estrutura plurissensorial. Olhar que toca, ouve e, além disso, não por essência ou necessidade, vê.

O coreógrafo e bailarino Klauss Viana dizia que o gesto do balé deve ser "um gesto trabalhado por um ser humano, especialista, e envolve não apenas a memória daquele corpo, mas o corpo de todos os homens [...] a forma é conseqüência: são os espaços internos que devem criar o movimento de cada um. [...] não é só dançar, é preciso toda uma relação com o mundo à nossa volta" (*Folha de S.Paulo*, Caderno Mais, 7 de abril de 2002). Encontro aqui um dos consistentes reforços para o conceito de que a psicoterapia ou as relações que envolvem comunicação são uma dança com movimentos voluntários e involuntários, que envolve uma sintonia, que ocorre significativamente fora da consciência e quase automaticamente, e também uma empatia que tem a ver com "espelhar" e "ecoar". Esses dois conceitos juntos formam o que Stern chama de "sintonia de afeto", em que os dois compartilham o processo inicial de "ressonância emocional", isto é, por meio da dança envolvida na sintonia de afeto pode-se chegar à conscientização de estados de ser que darão significado à comunicação.

A arte no tempo é a música. A música ocorre enquanto dura, a ressonância acontece enquanto estamos em comunicação, a música vem da natureza, do organismo: aí, no conceito de ritornelo, vão se desvendando os territórios por meio da música e da dança, os personagens impõem o ritmo compondo motivos territoriais, formando uma paisagem melódica.

Entre os conceitos de Deleuze destaca-se o rizoma, uma malha sem ponto de entrada nem de saída, na qual o que importa não são os pontos e as conexões, mas o caminho que se desenvolve entre esses pontos, formando um território no ritmo de agenciamentos e relações que encontramos no passado e encontraremos no futuro em todos os ambientes em que atuamos e nos comunicamos.

Uma sessão terapêutica se forma como um rizoma, pois os agenciamentos nos conduzem e talvez em algum momento cheguemos a algum ponto de pacto, de *insight* em que nos estruturamos novamente em figura, para então permanecer neste mapa geográfico. Um terapeuta funciona como um cartógrafo comprometido com as formações do desejo. Ele mergulha na geografia dos afetos, criando ou desimpedindo pontes em diferentes níveis de comunicação, estando no fluxo das mutações. O terapeuta-cartógrafo inventa estratégias nos ritornelos, às vezes territorializando outras vezes sendo desterritorializado para que os afetos possam fluir.

O cartógrafo ajuda a estabelecer várias relações de afeto, dentro de uma ética de relação terapêutica que procura as diferenças para que a subjetividade da relação possa construir, destruir, reconstruir e alimentar essa cartografia. Para isso o cartógrafo deve ressoar com diferentes possibilidades de afeto: cultural, cognitivo, emocional, sensorial, porque são nessas ressonâncias que o terapeuta-cartógrafo vai abrindo espaço para os devires da dança terapêutica.

No teatro ou no cinema, os atores se esforçam para exprimir o melhor possível os estados interiores e as emoções sentidas pelos personagens. Nas arenas de teatro da Grécia antiga, os atores no palco, com suas atuações dramáticas, sensibilizavam a platéia de tal forma que esta reagia emocional e motoramente: a essa relação se dava o nome de *therapeia*. Nosso sistema de ressonância nos permite estar em contato com os outros e favorece a tomada de consciência. O trabalho de psicologia do desenvolvimento de Philippe Rochat[3], da Universidade Emory, de Atlanta, mostra que é por meio das interações com nossos semelhantes, que começam desde o nascimento, que internalizamos o ponto de vista subjetivo dos outros, promovendo a nossa própria capacidade de consciência de nós mesmos. Nós experienciamos que esta consciência de si mesmo se constrói junto com os outros e nos permite ter um "senso dos outros" que é a raiz de nossa capacidade de sentir empatia e mais geralmente até mesmo de nosso senso moral.

José Gil em *Fernando Pessoa, ou a metafísica das sensações* diz que expressões como "pensar com meu corpo", "sonhar com a minha pele" e "imaginação corpórea" marcam a ausência de fronteiras entre o "espírito e a matéria". A consciência torna-se assim "consciência do corpo" também já não havendo distância entre "interior e exterior", é o corpo que sente, são as intensidades-fluxos de órgãos que se tornam conscientes.[4]

Num exercício de simulação, como vimos num dos casos do capítulo anterior, quando queremos que uma pessoa realize uma ação, ainda que de maneira inconsciente e automática, uma parte do cérebro sente exatamente como se nós mesmos fôssemos realizar a ação. É a esse estado em que atribuímos e supomos os estados dos outros a partir de suas ações que chamamos de "consciência de si mesmo". Supondo dessa forma, simulamos o ponto de vista do outro e utilizamos o resultado desta simulação para compreender e até predizer seu comportamento.

O fato de os bebês serem capazes de imitar desde o nascimento pode nos fazer pensar que a ressonância motora é a origem da imitação entre os homens, não como um reflexo, como mostram algumas pesquisas neonatais, mas como uma imitação intencional e seletiva das ações produzidas pelos humanos e não daquelas produzidas por máquinas. Como vimos no primeiro capítulo, os estudos de neuroimagem mostram que, quando eles observam uma pessoa sem objetivo preciso, as regiões implicadas na ressonância motora (sistema límbico) se ativam. Em contrapartida, se eles observam com o objetivo de imitar, as regiões do córtex frontal especializadas nas funções executivas se ativam. A imitação, assim, não se reduz a um mero fenômeno de ressonância, mas implica uma consciência de si mesmo; essa experiência nos permite diferenciar quando os outros são similares e diferentes de nós.

No sistema de ressonância motora, podemos pensar no "efeito camaleão" que nos mantém em vínculo social entre os nossos grupos e subgrupos. Basta observar o comportamento dos adolescentes, visto que cada grupo possui seu jeito especial de ser, pensar e se vestir, produzindo um movimento ressonante que os mantém magneticamente juntos e assemelhados, cada um com sua própria subjetividade.

Mostramos a seguir fotos de pesquisas desenvolvidas pelo dr. E. Z. Tronick e seus colegas do departamento de Pediatria e Psiquiatria da Universidade de Harvard e muito bem descritas no livro *Body and word*, do psicólogo George Downing. As fotos foram extraídas de vídeos gravados simultaneamente com duas câmeras, uma focalizando a mãe e a outra, o bebê. Podemos ver claramente como as conexões se desenvolvem na relação entre mãe e bebê, e como as expressões da mãe influem nas respostas expressivas do bebê num nível emocional, sensitivo e postural.

Tronick criou um experimento que denominou "cara imóvel" (*still face*). Na primeira versão, foram feitos vídeos que mais tarde foram analisados em câmera lenta numa leitura chamada de "microanálise". Esse experimento analisou a interação das mães com seus bebês de três meses de idade. Elas deveriam iniciar contato com seus bebês da forma que usualmente fazem. Mais tarde, em certo momento da interação não-verbal, a mãe repentinamente deixaria a face imóvel (*still*) e congelaria todos os movimentos do corpo. Nesse momento os bebês, chocados com a repentina mudança, reagiam mostrando desapontamento e protestavam virando a cara ou olhando para baixo.

Este experimento mostra de forma dramática a imensa expectativa do bebê de interagir e, principalmente, de manter a interação com a mãe, e demonstra que, quando a interação é cortada, produz uma imediata sensação de ansiedade e preocupação.

A segunda versão do experimento, que talvez seja a que mais nos interesse, foi feita com bebês de seis meses de idade. Os pares mãe/bebê foram divididos em dois grupos:

1. Um grupo que normalmente interagia com habilidades motoras positivas. Isto é, a mãe era sensível ao bebê e ao seu ritmo na melhor forma de estimulação não-verbal. Em conseqüência, nesse grupo as duplas desenvolveram uma competência mútua de interação.

2. Os outros grupos eram formados por duplas em que a troca não-verbal era caracterizada por um excesso ou déficit de controle por parte da mãe. Em outras palavras, a mãe tendia ou a superdirigir ou a subdirigir os sinais de comunicação não-verbal da criança. Assim, as interações se estabeleciam de maneira não recíproca.

Os resultados foram claros e dramáticos. As crianças do primeiro grupo desenvolveram formas de reagir à face imóvel de uma maneira ativa: ficavam com raiva, viravam o rosto ou procuravam resgatar o contato, chamando a atenção da mãe. As crianças do segundo grupo, com baixo nível de reciprocidade, no início reagiam retirando-se da relação, como no primeiro grupo. Mas, mesmo desapontadas e agitadas, não iniciavam nada de novo nem tentavam resgatar o contato; simplesmente permitiam que a desconexão permanecesse.

Essa pesquisa fala por si mesma: uma parte das crianças construiu certa maneira motora de ser-no-mundo; desta forma o outro é visto como aproximável, como contatável, e o *self* é capaz de vincular-se, de animar-se e de construir uma ponte até o outro. Essa criança aprende que sua ação causa um efeito, um afeto no outro, desenvolvendo também um campo motor que se estrutura intersubjetivamente e de acordo com a relação.

O outro grupo de crianças, entretanto, fica vivendo num campo intersubjetivo diferentemente estruturado, com outras expectativas e disposições. Por exemplo, para elas o senso de construção de uma ponte não-verbal é fraco, a conexão motora com o outro é pouco desenvolvida. Sentem-se incapacitadas de produzir um efeito no outro, o qual se transforma em algo relativamente inacessível, inatingível, imodificável.

É importante ressaltar como esta é uma dificuldade corporal, do corpo como um todo, que não se posiciona em direção ao desejo, perde o ritmo do movimento e até mesmo o sorriso e os gestos.

Vejamos a seguir algumas fotos cedidas pelo grupo de Tronick:

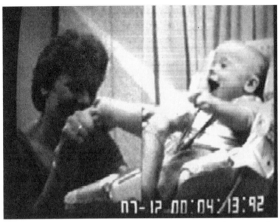

A mãe começa a estimular o bebê, que responde significativamente com movimento corporal e contato visual. Observa-se boa intensidade de vida, ritmo e fluxo nas duas fotos. Dessa forma, o bebê se mantém ativo, sempre interessado e curioso em contatar a mãe e os outros, tanto do aspecto motor quanto do afetivo.

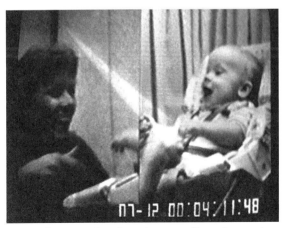

Bebê responde ao sorriso da mãe, com olhos, boca e braços similares aos da mãe.

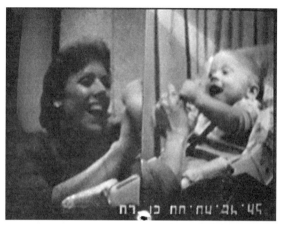

Neste exemplo vê-se a intensidade da relação: o bebê responde exaltado e o jogo de sintonia de afeto, de acordo com Daniel Stern, está acontecendo, sem interferências negativas na relação.

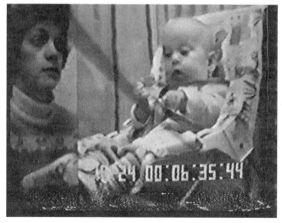

Aqui a mãe voluntariamente pratica a expressão chamada por Tronick de "*still face*", ou seja, face imóvel, inerte. Distante do contato, o bebê, depois de tentar várias vezes retomar a relação, acaba por desinteressar-se: com a energia baixa, concentra-se em si mesmo. Se essa situação se perdurar, o bebê poderá até mesmo perder a capacidade de procurar contato.

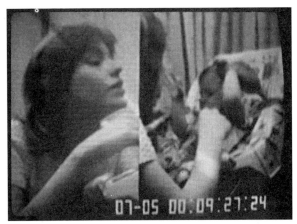

Aqui a mãe estimula contato em excesso com o bebê. Podemos observar que ele foge da invasão de território, tenta evitar a invasão. Este exemplo representa o contrário da "face imóvel", mas tem conseqüências semelhantes.

Peter Pál Pelbart, em seu livro *A nau do tempo rei* (1993), explora a relação entre tempo e loucura, "estabelecendo ressonâncias".] No último capítulo faz uma homenagem a Guattari num texto intitulado "Um Direito ao Silêncio", contando um dia que passou junto com o autor numa viagem para a Clínica La Borde, na França. Pelbart descreve o momento como uma piada, mas o fato é que, entre as várias histórias do livro, esta especificamente é um bom caso cotidiano de ressonância entre dois amigos: por alguma razão Guattari está fechado em si mesmo, interiorizado e calado o tempo todo da viagem e também no dia seguinte. Pelbart e sua companheira saem para dar uma volta e Guattari se propõe ir junto; caminham pela clínica em silêncio até chegarem a um cercado de porcos. Ficam olhando o movimento e ouvindo o som dos animais. Em certo momento, Pelbart começa a imitá-los. Em alguns instantes Guattari também entra na dança, e tudo termina com todos se comunicando com um devir porco que aconteceu em ressonância. O tempo entre os amigos aconteceu, não é que não havia comunicação durante o silêncio, pelo contrário. Como define o escritor Rubem Alves[5], é só entre amigos que pode haver silêncio, cada um na sua, mas dividindo o tempo e o espaço. O tempo funciona por meio da respiração: "o tempo de nossa vida"; entre a primeira inspirada e a última expirada, tantos momentos de "vida e morte" na respiração, tantos momentos de silêncio e som, tantos momentos diferentes de comunicação e ressonância. Peter e Guattari passaram por estes momentos e um devir animal, num momento de inspiração, os recolocou em contato.

No trabalho psicoterapêutico que inclui o corpo procura-se prolongar acontecimentos até então contidos na vida de uma pessoa. Em resposta ao filósofo Toni Negri, a uma pergunta sobre acontecimentos políticos, Deleuze diz:

> Os processos de subjetivação, isto é, as diversas maneiras pelas quais os indivíduos e as coletividades se constituem como sujeitos, só valem na medida em que, quando acontecem, escapam tanto aos saberes constituídos como aos poderes dominantes. Mas naquele preciso momento eles têm efetivamente uma espontaneidade rebelde. São novos tipos de acontecimentos: acontecimentos que não se explicam pelos estados de coisas que os suscitam, ou nos quais eles tornam a cair. Eles se elevam por um instante, e é este momento que é preciso agarrar.[6]

A psicoterapia que inclui o corpo inaugurou uma época em que os acontecimentos (*happenings*) passaram a ocupar um lugar importante: os encontros de *workshops*, *weekends* prolongados em que o tempo cronológico não tem tanta influência, o tempo flutuante passa a agir.

De acordo com Pelbart, os gregos chamavam de *Aion* um tempo sem medida. Nestas condições, pacientes de psicoterapia semanal podem usufruir deste outro tempo, que cria uma possibilidade de ressonância e espaço não consciente mais prolongado, uma possibilidade de ampliar um fotograma significativo da vida. É dentro deste outro tempo que transformações profundas podem acontecer, ou mesmo que a pessoa possa reencontrar este outro tempo e, na medida do possível, levá-lo a seu cotidiano. Aí, neste espaço terapêutico, vivem-se ampliações que podem levar a momentos de autoconhecimento poético, dramático, onírico. É o tempo do devir, seja lá o que for este devir.

As condições que a clínica oferece criando espaços-tempos diferenciados para que corpo e subjetividade possam existir e dialogar de forma atemporal é a possibilidade de levar pessoas a ampliar sua vida e seus sentidos, se desterritorializando, e pessoas em estados psicóticos a constituir e experenciar territórios existenciais de permanência.

Como afirma Deleuze, o ritornelo fabrica o tempo histórico, geográfico, territorial, espacial. Passando a importar nesta experiência de vida que as pessoas entrem em devires revolucionários, transformadores na história, mas ao mesmo tempo sem ser escravos ou prisioneiros dela. Prisioneiros da história são os que a aceitam e a mantêm em seu inconsciente.

A psicoterapia corporal colocou em fluxo o corpo, deslocando o paciente do divã e convidando-o a experimentar o movimento e junto com ele chegar a novas subjetividades, num caminho constante de desconstrução e reconstrução. A "dança", o "ritmo" entre terapeuta e paciente é alimento potente destes novos fluxos, num esforço de encontrar nos fluxos do corpo o desejo, colocando em contato ou mesmo indo além dos órgãos.

Minto, mesmo quando afirmo que minto. Meus discursos são sempre "verdadeiros", portanto sempre "falsos". Sou mentido pela linguagem. Mas em meu corpo, exilado da linguagem, algo dói, algo sofre: "Falo, e as palavras que digo são um som; Sofro, e sou eu". Se ao menos esse sofrimento pudesse ser dito, isto é, dominado pela consciência da linguagem! Mas ele permanece inter-dito. O sofrimento dito se fixa como máscara do sofrimento não dito...

MANUEL BANDEIRA

Notas

CAPÍTULO 1

1. Natsoulas, Thomas (1983) "Concepts of consciousness". *The Journal of Mind and Behavior*, vol. 4, nº 1, pp. 13-59 em Michael Heller. *Nonconscious, aqualid and conscious processes: a modern version of the unconscious, preconscious and conscious topography*, artigo não publicado fornecido pelo autor em 2003. "Como assinalado por Natsoulas (1983, 1985) o termo 'consciência' designa uma ampla variedade de mecanismos que têm em comum a participação de formas individuais de 'conscientização' (*awareness*) sendo que os dois mecanismos descritos no texto são hoje em dia freqüentemente discutidos em psicologia e psicoterapia."
2. Sartre, Jean-Paul em Goes e Silva, Clea: *Liberdade e consciência no existencialismo de Jean-Paul Sartre*. Londrina: UEL, 1997, p. 21.
3. Roudinesco, Elisabeth; Plon, Michel. *Dicionário de psicanálise*. Rio de Janeiro: Jorge Zahar, 1998.
4. Baseio os próximos parágrafos em artigo de Liss, Jerome. *The neurofisiology of emotions*, não publicado. Roma, 2003.
5. Titchener, E. G. *A text book of psychology*. Nova York: MacMillan, p. 408.
6. Rochat, Philippe. *The infant's world*. Cambridge: Harvard Massachusets University Press, 2001.
7. Gil, José. *Fernando Pessoa e a metafísica das sensações*. Lisboa: *Relógio D'Água*, s. d., p. 82.
8. Lake, Frank. *The dynamic cycle*. Oxford: Lingdale Paper, 1986.
9. A capacidade de ser si-mesmo depende do contato com a experiência que Lake chama de fonte, lugar de partida ou de nascimento.
10. "Sendo si-mesmo" – termo usado por Lake para definir o momento existencial do ser.

11. Aqui no sentido de desvios de caráter.
12. "Caráter" – termo usado por Reich como defesa para as repressões.
13. Tomo aqui emprestadas algumas considerações do prof. Jerome Liss em seu artigo sobre neurofisiologia das emoções. Algumas considerações eu mesmo traduzi e adaptei por serem extremamente simples e elucidativas.
14. Liss, Jerome. *The neurofisiology of emotions*, não publicado, Roma, 2003.
15. Liss, Jerome. *The neurofisiology of emotions*, não publicado, Roma, 2003.
16. Gellhorn. E em Liss, Jerome. *The neurophysiology of the emotions*, não publicado, Roma, 2003.
17. Rossi, Ernest. La psicobiologia della guarigione psicofisica, Roma: Astrolabio, 1987.
18. Watt, D. F. em Shore, Allan. *Affect regulation and the origin of the self*, Nova Jersey: LEA, 1994.
19. Buck, R. W. em Shore, Allan, *Affect regulation and the origin of the self.* Nova Jersey: LEA, 1994.

CAPÍTULO 2

1. Lowen, Alexander. *The language of the body*. Nova York: Collier Books, 1971.
2. Pierre, Janet em Boadella, David. *International Journal of Psychotherapy*, vol. 2, nº 1, 1997.
3. Safra, Gilberto. *A face estética do self.* São Paulo: Unimarco, 1999, p. 92.
4. Termo utilizado por José Gil como metáfora para o rosto.
5. Guattari, Felix. *Caosmose*. São Paulo: 34, p. 155.
6. Galard, J. em Safra, Gilberto. *A face estética do self.* São Paulo: Unimarco, 1999.
7. Pesso, Albert. *Experience in action,* 1972, livro não publicado.
8. Ver mais em Boadella, David. *Energy and character*, vol. 31/1, 1999, International Institute for Biosynthesis.

9. De acordo com Frank Brentano, todos os estados mentais (percepção, memória etc.) são de ou sobre alguma coisa. Em suas palavras estados mentais necessariamente têm: "referência a um conteúdo" ou "direção para um objeto". Esta direcionalidade ou intencionalidade é a característica que define a mente. (Deleuze, Gilles. *Bergsonismo*. São Paulo: 34, 1999).
10. Plotino. *Tratados da Enéadas*. Rio de Janeiro: Polar, 2002.
11. Espinosa em Boadella, David. *Energy and character*, vol. 30/1, 1999, p. 14.
12. Segundo Duns Scot (v. *scotismo*), o princípio de individuação; ipseidade. *[Var.: ecceidade.] Dicionário Aurélio século XXI*.
13. Agambem, Giorgio. *Homo sacer*. Belo Horizonte: Humanitas, 2002.
14. Bakker, C. B. *No trespassing, explorations in human territoriality*. Londres: Chandler & SharpsPub, 1973.
15. Aula dada no curso "Fundamentos da Comunicação", cujo tema foi: Semiótica concreta: a filosofia de G. Deleuze. PUC-SP, 2001.
16. Campbell, Joseph. *Isto és tu*. São Paulo: Landy, 2002.
17. Schopenhauer, Arthur. *Sobre o fundamento da moral*. São Paulo: Martins Fontes, 2001.
18. *Ibidem*.

CAPÍTULO 3

1. Gil, José. *Metamorfoses do corpo*. Lisboa: Relógio D'Água, 1997, p. 180.
2. Percepcionar no sentido de trocar, dar e receber.
3. Gil, José. *Metamorfoses do corpo*. Lisboa: Relógio D'Água, 1997, p. 179.
4. Boadella, David. Folheto ilustrativo do Instituto Internacional de Biossíntese. Heiden, 2001.
5. No sentido de José Gil, o corpo como um rosto.
6. Modelo desenvolvido pelo prof. dr. Jerome Liss apresentado em artigo na revista *Energy and character*, edição de David Boadella, vol. 28, nº 1.

7. Gold, Philip em Boadella, David. *Correntes da vida*. São Paulo: Summus, 1992, p. 101.
8. Deleuze, Gilles. *Diferença e repetição*. Rio de Janeiro: Graal, 1985, p. 130.
9. Damasio, Antonio. *The feeling of what happens*. Nova York: Harcourt Brace and Company, 1999, p. 11.
10. Orgônica "Orgon", termo reichiano que define energia.
11. Territorializou-se no sentido deleuziano, de incluir nome no espaço.
12. Existem várias definições para alma, aqui tomamos "alma" como "vida" ou "fluxo", de acordo com José Gil e David Boadella.
13. Stern, Daniel, M. D. *O mundo interpessoal do bebê*. Porto Alegre: Artes Médicas, 1992, p. 125.
14. Gil, José. *Metamorfoses do corpo*. Lisboa: Relógio D'Água, 1997, p. 212.
15. Força aqui é considerada linha de conexão entre duas pessoas.
16. Musculatura aqui serve de superfície que torna sensíveis forças de conexão.
17. Damasio, Antonio. *The feeling of what happens*. Nova York: Harcourt Brace, 1999. (Tradução do autor.)
18. Raknes, Ola em Boadella, David. *Nos caminhos de reich*. São Paulo: Summus, 1985.
19. Boyesen, Gerda. *Cadernos de psicologia biodinâmica*. Vol. 1. São Paulo: Summus, 1987.
20. Levine, Peter em *Energy and character*, vol. 28, 1, 1997.
21. De acordo com Castaneda, em "Viagem a Ixtlan", o Tonal seria a ligado à consciência e o Nagual ao momento da expressão espontânea que vem de um ponto de não-controle ou não-consciência.

CAPÍTULO 4

1. Detalhes em Boadella, David. "Posturas da alma", artigo não publicado.
2. Detalhes em Boadella, David, "Transferência, ressonância e interferência". *Energy and character*, vol. 1, nº 30, 2004.

3. Rochat, Philippe. *The infant's world*. Cambridge: Harvard Massachusets University Press, 2001.
4. Gil José, *Fernando Pessoa ou a metafísica das sensações*. Lisboa: Relógio D'Água, s. d.
5. Alves, Ruben. *Cenas da vida*. Campinas: Papirus, 1999.
6. Deleuze, Gilles em Pelbart, Peter Pál. *A nau do tempo rei*. São Paulo: Imago, 1993, p. 79.

Bibliografia

BAKKER, C. B. *No trespassing, Explorations in human territoriality.* Londres: Chandler & Sharps, 1973

BENTE, G.; Donaghy, W. F. e Suwelack, D. "Sex differences in body movement and visual attention: an integrated analysis of movement and gaze in mixed-sex dyads". *Journal of Nonverbal Behavior,* 22(1), 31-58, 1998.

BOADELLA, David. *Energy and character.* Dorset: Abbotsbury, vol. 2/1, 14/1, 25/1, 28/1, 29/1, 30/1, 1970/2003.

_____. *Correntes da vida.* São Paulo: Summus, 1995.

_____. *Nos caminhos de Reich.* São Paulo: Summus, 1993.

BOLLAS, Christopher. *The shadow of the object.* Nova York: Columbia University Press, 1987.

BOYESEN, Gerda. *Cadernos de psicologia biodinâmica.* Vol. 1. São Paulo: Summus, 1986.

_____. *Entre psiquê e soma.* São Paulo: Summus, 1987.

BROWN, Norman O. *Life against death.* Nova York: Vintage Books, 1959.

CAPRA, Fritjof. *As conexões ocultas.* São Paulo: Cultrix, São Paulo: 2002.

CLARCK, Andy. *Being there. Putting brain, body, and world together again.* Cambridge: The M. I. T. Press, 1997.

DAMASIO, Antonio. *O erro de Descartes.* São Paulo: Companhia das Letras, 1994.

_____. *The feeling of what happens.* Nova York: Harcourt Brace, 1999.

_____. *Looking for Spinoza.* Nova York: Harcourt Brace, 2003.

DARWIN, Charles. *A expressão das emoções no homem e nos animais.* São Paulo: Companhia das Letras, 2000.

DELEUZE, Gilles. *Crítica e clínica.* São Paulo: 34, 1997.

_____. *Conversações.* São Paulo: 34, 1992.

_____. *Lógica do sentido.* São Paulo: Perspectiva, 2000.

_____. *Diferença e repetição.* Rio de Janeiro: Graal, 1985.

DELEUZE e GUATTARI, *Mil platôs.* Vols. 1, 3, 4. São Paulo: 34, 1995.

_____. *O que é a filosofia?* São Paulo: 34, 1992.

DOWNING, George. *Body and word.* Munique: Koselverlag, 1997.

EDELMAN, Gerald M. *A universe of consciousness*. Nova York: Basic Books, 2000.

FREUD, Sigmund. "Recomendações aos médicos que exercem a psicanálise. In: _____. *Edição standard brasileira das obras completas de Sigmund Freud*. Rio de Janeiro: Imago, 1974, vol. 7.

GUATTARI, Felix. *Caosmose*. São Paulo: 34, 1992.

GIL, José. *Fernando Pessoa ou a metafísica das sensações*. Lisboa: Relógio D'Água, s. d.

_____. *Metamorfoses do corpo*. Lisboa: Relógio D'Água, 1997.

JANET, Pierre. *Principles of psychotherapy*. Nova York: Freeport, 1924.

KELEMAN, Stanley. *Somatic reality*. Berkeley: Center Press, 1979.

_____. *Emotional anatomy*. Berkeley: Center Press, 1985.

LAKE, Frank. *The dynamic cycle* Oxford: Lingdale Paper, 1986.

LEVINE, Peter em Boadella, D. *Energy and character*, vol. 28, 1, 1997.

MARSHALL, Klaus. *Your amazing newborn*. Cambridge: Persus Books, 1999.

MATURANA, Varela. *The tree of knowledge*. Califórnia: Shambala Publications, 1987.

MOYSES, Maria Aparecida Affonso. *A institucionalização invisível*. São Paulo: Mercado de Letras, Fapesp, 2001.

NOVAES, Adauto. *O homem máquina*. São Paulo: Companhia das Letras, 2003.

PELBART, Peter Pál. *A nau do tempo rei*. São Paulo: Imago, 1993.

PERLS, Frederick; HEFFERLINE, Ralph; GOODMAN. *Gestalt-terapia*. São Paulo: Summus, 1994.

PERRONE-MOSES, Leyla. *Fernando Pessoa, aquém do eu, além do outro*. São Paulo: Martins Fontes, 1982.

PINHEIRO, Beatriz. *O visível do invisível*. São Paulo: Ysayama, 1999.

ROCHAT, Philippe. *The infant's world*. Cambridge: Harvard Massachusets University Press, 2001.

SAFRA, Gilberto. *A face estética do self*. São Paulo: Unimarco, 1999.

SEABRA, José Augusto. *Fernando Pessoa ou poetodrama*. São Paulo: Perspectiva, 1960.

SHELDRAKE, Rupert. *The presence of the past*. Londres: Collins, 1988.

SHORE, Allan. *Affect regulation and the origin of the self*. Nova Jersey: LEA, 1994.

SIEGEL, Daniel J. *The developing mind*. Nova York: The Guilford Press, 1999.

STERN, Daniel. *O mundo interpessoal do bebê*. Porto Alegre: Artes Médicas, 1992.

VARELA, Francisco. *The embodied mind*. Cambridge: The MIT Press, 1991.

RUBENS KIGNEL formou-se em economia em 1974. Em 1976 viajou para Londres, onde estudou, por cinco anos, no Instituto de Psicologia Biodinâmica Gerda Boyesen. Nesse período conheceu David Boadella, contato que se manteve durante longo período, gerando dez anos de treinamento em biossíntese. A partir de 1981 foi convidado, pelo Instituto Gerda Boyesen, a lecionar em várias cidades européias. David Boadella o incentivou a consolidar o treinamento em biossíntese no Japão. Rubens foi pioneiro ao instituir e firmar o treinamento em psicoterapia somática biodinâmica e biossíntese em várias cidades do Brasil e da América do Sul. Fez também treinamento de longos anos em bioenergética, Gestalt-terapia, psicodrama, neuropsicologia e terapia biossistêmica, esta última com Jerome Liss. Atualmente tem clínica em São Paulo. É também coordenador do curso de especialização *lato sensu* na Universidade Paulista (Unip), em São Paulo. É membro e diretor científico da Associação Brasileira de Psicoterapia (Abrap) e membro da Associação Brasileira de Psiquiatria (ABP).

leia também

A TERAPIA BIOSSISTÊMICA
UMA ABORDAGEM ORIGINAL DA TERAPIA PSICOCORPORAL
Jerome Liss e Maurizio Stupiggia

A Psicoterapia Biossistêmica é uma integração entre a biologia da pessoa e seus sistemas de funcionamento: perceptivo, cognitivo, relacional e social. Este método se baseia em conceitos "operacionais", ou seja, permite ao observador participar na avaliação das interpretações teóricas do terapeuta.

REF. 10619   ISBN 85-323-0619-5

CORRENTES DA VIDA
UMA INTRODUÇÃO À BIOSSÍNTESE
David Boadella

Biossíntese significa a integração da vida, e seu conceito central tem por base a existência de correntes energéticas fundamentais no organismo humano, também denominadas "fluxos vitais". A trajetória do desenvolvimento e expressões do ser humano, da vida intra-uterina à morte, a partir de fatores biológicos básicos, sobretudo os processos rítmicos do corpo.

REF. 10262   ISBN 85-323-0262-9

ENERGIA E CARÁTER 1
*Rubens Kignel (org.), David Boadella,
Gerda Boyesen Jerome Liss e outros*

Esta coletânea apresenta artigos originais de autores consagrados, bem como de outros menos divulgados no Brasil. Uma leitura fundamental para quem deseja se familiarizar com as diversas tendências no campo das terapias corporais.

REF. 10562   ISBN 85-323-0562-8

ENERGIA E CARÁTER 2
*Rubens Kignel (org.), Stanley Keleman,
John Pierrakos e outros*

Dando seqüência ao primeiro volume, esta coletânea inclui ensaios de autores de diversas linhas de abordagem corporal, mostrando a riqueza e o vasto campo de possibilidades que a área das terapias corporais pode oferecer. São concepções que focalizam aspectos diferentes, complementares e até mesmo conflitantes da experiência corporal.

REF. 10599   ISBN 85-323-0599-7

IMPRESSO NA
sumago gráfica editorial ltda
rua itauna, 789   vila maria
02111-031   são paulo   sp
telefax 11 **6955 5636**
sumago@terra.com.br

------------ dobre aqui ------------

CARTA-RESPOSTA
NÃO É NECESSÁRIO SELAR

O SELO SERÁ PAGO POR

C AVENIDA DUQUE DE CAXIAS
1214-999 São Paulo/SP

------------ dobre aqui ------------

O CORPO NO LIMITE DA COMUNICAÇÃO

summus editorial
CADASTRO PARA MALA-DIRETA

Recorte ou reproduza esta ficha de cadastro, envie completamente preenchida por correio ou fax, e receba informações atualizadas sobre nossos livros.

Nome: _____ Empresa: _____
Endereço: ☐ Res. ☐ Coml. _____ Bairro: _____
CEP: ____-____ Cidade: _____ Estado: _____ Tel.: ( ) _____
Fax: ( ) _____ E-mail: _____
Profissão: _____ Professor? ☐ Sim ☐ Não Disciplina: _____ Data de nascimento: _____

1. Você compra livros:
☐ Livrarias ☐ Feiras
☐ Telefone ☐ Correios
☐ Internet ☐ Outros. Especificar: _____

2. Onde você comprou este livro? _____

3. Você busca informações para adquirir livros:
☐ Jornais ☐ Amigos
☐ Revistas ☐ Internet
☐ Professores ☐ Outros. Especificar: _____

4. Áreas de interesse:
☐ Educação ☐ Administração, RH
☐ Psicologia ☐ Comunicação
☐ Corpo, Movimento, Saúde ☐ Literatura, Poesia, Ensaios
☐ Comportamento ☐ Viagens, *Hobby*, Lazer
☐ PNL (Programação Neurolingüística)

5. Nestas áreas, alguma sugestão para novos títulos? _____

6. Gostaria de receber o catálogo da editora? ☐ Sim ☐ Não
7. Gostaria de receber o Informativo Summus? ☐ Sim ☐ Não

Indique um amigo que gostaria de receber a nossa mala-direta

Nome: _____ Empresa: _____
Endereço: ☐ Res. ☐ Coml. _____ Bairro: _____
CEP: ____-____ Cidade: _____ Estado: _____ Tel.: ( ) _____
Fax: ( ) _____ E-mail: _____
Profissão: _____ Professor? ☐ Sim ☐ Não Disciplina: _____ Data de nascimento: _____

Rua Itapicuru, 613 – 7° andar 05006-000 São Paulo - SP Brasil Tel.: (11) 3872 3322 Fax: (11) 3872 7476
Internet: http://www.summus.com.br e-mail: summus@summus.com.br

cole aqui